“ධම්මෝ හි වාසෙට්ඨා, සෙට්ඨෝ ජනේතස්මිං
දිට්ඨේ චේව ධම්මේ, අභිසම්පරායේ ච.”

වාසෙට්ඨයෙනි, මෙලොවෙහි ත්, පරලොවෙහි ත්
ජනයා අතර ධර්මය ම ශ්‍රේෂ්ඨ වෙයි !

- අග්ගඤ්ඤ සූත්‍රය - භාග්‍යවත් බුදුරජාණන් වහන්සේ

නුවණ වැඩෙන බෝසත් කථා - 45
ජාතක පොත් වහන්සේ
(ඒකාදසක නිපාතය)
පූජ්‍ය කිරිබත්ගොඩ ඤාණානන්ද ස්වාමීන් වහන්සේ

© සියලුම හිමිකම් ඇවිරිණි.
ISBN : 978-624-5524-08-2

ප්‍රථම මුද්‍රණය	:	ශ්‍රී බු.ව. 2565 ඉල් මස (2021 නොවැම්බර්)
සම්පාදනය	:	මහමෙව්නාව භාවනා අසපුව වඩුවාව, යටිගල්ඔළුව, පොල්ගහවෙල. දුර : 037 2244602 info@mahamevnawa.lk | www.mahamevnawa.lk
ප්‍රකාශනය	:	මහාමේඝ ප්‍රකාශකයෝ වඩුවාව, යටිගල්ඔළුව, පොල්ගහවෙල. දුර : 037 2053300, 076 8255703, 070 511 7 511 info@mahamegha.store | www.mahamegha.store
මුද්‍රණාලය	:	තරංජි ප්‍රින්ට්ස් (ප්‍රයිවට්) ලිමිටඩ්, 506, හයිලෙවල් පාර, නාවින්න, මහරගම. ටෙලි: 011-2801308 / 011-5555265

නුවණ වැඩෙන බෝසත් කථා - 45

ජාතක පොත් වහන්සේ

(ඒකාදසක නිපාතය)

සරල සිංහල පරිවර්තනය

පූජ්‍ය කිරිබත්ගොඩ ඤාණානන්ද ස්වාමීන් වහන්සේ

මහාමේඝ
MAHAMEGHA

ප්‍රකාශනයකි

පෙරවදන

ජාතක පොත් වහන්සේ ඔබ කියවලා ඇති. කුඩා අවධියේත්, පාසලේදීත්, සරසවියේත්, පන්සලේ බණ මඩුවේත්, වෙසක් නාඩගමේත් අපි ජාතක කථා රස වින්දෙමු. නමුත් එහි සැබෑ අරුත කුමක් දැයි තේරුම් ගන්නට අප සමත් වූ වගක් නම් නොපෙනේ.

'නුවණ වැඩෙන බෝසත් කථා' නමින් ඒ ජාතක කථා ඔබේම භාෂාවෙන් ඔබට කියවන්නට ලැබෙන්නේ එයින් ඉස්මතු වන අරුතත් සමඟිනි. මෙහි අරුත් දැන එම කථාවත් මතක තබා ගෙන සත්පුරුෂ ගුණධර්ම දියුණු කර ගන්නට මහන්සි ගන්නේ නම් එය ජාතක කථාවෙන් ඔබට ලැබෙන සැබෑම ප්‍රතිඵලයයි.

හැම දෙනාටම තෙරුවන් සරණයි!

මෙයට,
ගෞතම බුදු සසුන තුළ මෙත් සිතින්,
පූජ්‍ය කිරිබත්ගොඩ ඤාණානන්ද ස්වාමීන් වහන්සේ
ශ්‍රී බුද්ධ වර්ෂ 2560 ක් වූ වෙසක් මස 31 දා

මහමෙව්නාව භාවනා අසපුව
වඩුවාව, යටිගල්ඔළුව,
පොල්ගහවෙල.

පටුන

45. ඒකාදසක නිපාතය

01. මාතුපෝසක ජාතකය
මව් ඇතින්නට සැලකූ බෝසත් ඇතාගේ කතාව 9

02. ජුණ්හ ජාතකය
ජුණ්හ රජතුමා බමුණාට සැලකූ කතාව 18

03. ධම්ම ජාතකය
ධම්ම දේවපුත්‍රයාගේ කතාව 26

04. උදය ජාතකය
උදයභද්ද කුමාරයාගේ කතාව 34

05. පානීය ජාතකය
පැන් පිරවූ ලබුකැටය ගැන කතාව 48

06. යුද්ධඤ්ජය ජාතකය
යුද්ධඤ්ජය බෝසත් කුමරුගේ කතාව 59

07. දසරථ ජාතකය
බෝසත් රාම කුමරුගේ කතාව 66

08. සංවර ජාතකය
සංවර කුමාරයාගේ කතාව 78

09. සුප්පාරක ජාතකය
සුප්පාරක බෝධිසත්වයන්ගේ කතාව 90

නමෝ තස්ස භගවතෝ අරහතෝ සම්මාසම්බුද්ධස්ස
ඒ භාග්‍යවත් අර්හත් සම්මා සම්බුදුරජාණන් වහන්සේට නමස්කාර වේවා!

01. මාතුපෝසක ජාතකය

මව් ඇතින්නට සැලකූ බෝසත් ඇතාගේ කතාව

පින්වතුනේ, පින්වත් දරුවනේ,

මෙය, තමා පිඬුසිඟා ලත් දෙයින් අසරණ අම්මාට උවටැන් කළ පින්වත් භික්ෂුවක් අරභයා වදාළ කථාවකි. පවුලේ එක ම දරුවා ව සිටි පුත්‍රයෙක් සැවැත් නුවර සිටියා. ඔහුගේ දෙමව්පියන්ට අඟහිඟයක් නැතුව ජීවත් වෙන්ට පුළුවන්කමකුත් තිබුණා. එනිසා මාපියන්ගෙන් අවසර ගත් එක ම දරුවා ජේතවනයට ගොහින් බුදුසසුනෙහි පැවිදි වුණා.

කලක් යද්දී ඒ භික්ෂුවගේ පියා මිය ගියා. මව් තනි වී සිටින බවත් එක ම පුත්‍රයා ද පැවිදි වී සිටින බවත් දැනගත් ඤාතීන් ඒ අය සතු සියලු දේපල පැහැර ගත්තා. මේ හේතුව නිසා සිය මෑණියන් ඉතා අසරණ ව සිටින බව පුත්‍ර භික්ෂුවට ආරංචි වුණා. ඒ වෙද්දී ඒ භික්ෂුව වැඩසිටියේ ඈත පළාතක. ඉතින් මව්ට සිදුවූ විපත අසා ඉක්මනින් ම ජේතවනයට වැඩියා. මව්ගේ අසරණකම දැක මහත් සංවේගයට පත්වුණා. 'මං මේ ධර්මයට හරිම

කැමතියි. උතුම් භික්ෂු ජීවිතයටත් කැමතියි. ඒ නිසා ධර්මයේ හැසිරෙන ගමන් අම්මාට සලකන්ට ඕනෑ' කියා සිතා දිනපතා පිඬුසිඟා ගෙන මව්ගේ ගෙදරට යනවා. ගොහින් ඒ දානය දෙකොටසකට බෙදනවා. පළමු කොටස තමා වළඳනවා. අනිත් කොටස මව්ට දී උවටැන් කොට ජේතවනයට පැමිණෙනවා. මේ භික්ෂුවගේ හැසිරීම ගැන භාග්‍යවතුන් වහන්සේට දැනගන්ට ලැබී ඔහු කැඳවා විමසා වදාළා. එතකොට ඒ භික්ෂුව සියලු තතු නොසඟවා හෙළි කළා.

"මහණෙනි, මේ භික්ෂුවට දොස් කියන්ට එපා. මොහු සිදුකරන්නේ කළයුතු ම උතුම් දෙයක්. පෙර අතීතයේ නුවණැත්තෝ තිරිසන්ගත ව ඉපිද සිටියදී පවා මව්ගෙන් වෙන්වී සතියක් ඉන්ට වීම නිසා ආහාරත් නොගෙන සුසුම් හෙළමින් වාසය කළා. ලැබුණු රාජභෝජන පවා 'මව් නැති නිසා අනුභව නොකරමි' යි කියා මව් දුටුවාට පස්සේ තමයි ආහාර ගත්තේ" කියා මේ මාතුපෝසක ජාතකය වදාළා.

"මහණෙනි, ගොඩක් ඈත අතීතයේ බ්‍රහ්මදත්ත නම් රජ්ජුරු කෙනෙකුන් බරණැස් පුරේ රාජ්‍ය කරන කල්හි මහා බෝධිසත්වයෝ හිමාලයෙහි ඇත් යෝනියෙහි උපන්නා. මේ ඇතා ඉතාමත් ම අලංකාරයි. මුළු ශරීරය ම සුදෝසුදුයි. අසූදහසක ඇත් පිරිවරකුත් සිටියා. මේ ඇතාගේ මව් ඇතින්න දෑස් නොපෙනී ගොස් එක් තැනකට වී වාසය කළා. එතකොට ඇත්රජා සිය මව් ඇතින්නට දෙන්ට කියා මියුරු පලවැල නෙළා ඇතුන් අත එවනවා. ඒවා ගෙන එන ඇතුන් මගදී ම ඒවා කනවා. මව් ඇතින්නට දෙන්නෙ නෑ. තමන්ගේ

මව්ට සැලකිල්ලක් නැති වග ඇත්රජාට තේරුම් ගියා. දවසක් ඇත්රජා ඇත්රැළ අත්හැරලා මහා රාත්‍රියෙහි අනිත් ඇතුන්ට නොදැනෙන්ට මව් ඇතින්නත් රැගෙන චණ්ඩෝරණ නමැති පර්වත බෑවුමට ගියා. ගොහින් ගස් මණ්ඩියකින් වැසී ඇති එක්තරා පියුම් විලක් අසල පිහිටි පර්වත ගුහාවක මව් ඇතින්නට ඉන්ට කීවා. තමා ම මව්ට උවටැන් කරමින් වාසය කළා.

දවසක් බරණැස් නුවර වාසය කරන වනයේ හැසිරෙන මිනිසෙක් හිමාල වනයට ඇවිත් මං මුළා වුණා. දිසාවන් සොයාගන්ට බැරිව මහහඬින් හඬන්ට පටන් ගත්තා. ඒ හඬ ඇසී ඇත්රජා මෙය සිතුවා. 'ඕහ්... කවුරු හෝ මිනිසෙක් මංමුළා ව අනාථ වී ඇති හැඩයි. මා වැනි අයෙක් සිටියදී මෙවැනි දුකකට කාටවත් පත්වෙන්ට දීම සුදුසු නෑ. මා උදව් නොකළොත් මොහු නැසී යාවි.' කියා සිතා ඔහු සමීපයට ගියා. ඇත්රජා දුටු ගමන් මිනිසා තවත් භය වුණා. දුවන්ට පටන් ගත්තා. "එම්බා පින්වත, භය ගන්ට කාරි නෑ. මං ඔයැයිට කිසි අනතුරක් කරන්නේ නෑ. ඔයා හඬා වැලපෙමින් ඉන්නේ මක් නිසා ද?"

"අනේ ස්වාමී, මං මංමුළා වුණා. අදට හත් දොහක් වෙනවා. මට හිමාලයෙන් එළියට යාගන්ට විදිහක් නෑ නොවැ."

"භවත් පුරුෂය, භය වෙන්ට එපා. මං ඔයැයිව මිනිස් පියසට ඇරලවන්නම්. කෝ... මෙහෙ එන්ට." කියා ඇත්රජා ඒ මිනිසා ඔසොවාගෙන පිටේ තබා හිඳුවා වනයෙන් පිටතට ගොහින් නැවතුවා. 'ෂාහ්... හරි අපූරු ඇත්රජෙක් නොවැ. මං දැන් කෙලින් ම බරණැසට

ගොහින් රජ්ජුරුවන්ට මේ ඇතා ගැන කියන්ට ඕනෑ.' කියා සිතූ ඒ අසත්පුරුෂයා වනයෙන් එළියට එන අතරේ වෘක්ෂ සංඥා, පර්වත සංඥා ආදිය හොඳින් මතක තියාගත්තා.

ඒ කාලේ රජ්ජුරුවන්ගේ මඟුල් ඇතා කළුරිය කොට තිබුණේ. 'රාජපරිභෝගයට සුදුසු, මඟුල් ලකුණෙන් හෙබි හස්තියෙක් දකින්ට ලැබුණොත් දැනුම් දෙත්වා!' කියා අඬබෙර පතුරුවාත් තිබුණා. ඉතින් අර පුරුෂයා රජ්ජුරුවන් බැහැදැක "දේවයන් වහන්ස, තමුන්නාන්සේට නැගී යන්ට සුදුසු, රාජපරිභෝගයට ඒකාන්තයෙන් සුදුසු, මුළුමනින් ම සුදෝසුදු, සීලවන්ත, අලංකාර ඇත්රජෙක් හිමාල වනයේ මට දකින්ට ලැබුණා නොවැ. මං මගසලකුණු මතක තියාගෙනයි ආවේ. මාත් එක්ක යන්ට ඇත්ගොව්වෙක් එවා ඒ හස්තිරාජයාව මාලිගයට ගෙන්වා ගන්ට" කියා දැනුම් දුන්නා.

රජ්ජුරුවෝ ගොඩාක් සතුටු වුණා. "මේ පුරුෂයා මාර්ගය පෙන්වන්නෙක් කොට හිමාලයට ගොහින් මොහු කියන ඒ අලංකාර හස්තිරාජයා රැගෙන එව්" කියා ඒ වනයේ හැසිරෙන පුද්ගලයා සමග මහත් පිරිවර සහිතව ඇත්ගොව්වෙක් පිටත් කළා. වනයේ හැසිරෙන්නා පිරිසත් සමග ගොහින් ඇත්රජා පියුම් විලට බැස ආහාර ගන්නා හැටි බලා සිටියා. බෝසත් ඇත්රජා ඇත්ගොව්වා ව දැක්කා. 'මට ඇතිවෙන මේ භය නම් අනිකෙකු නිසා උපන් භයක් නොවේ. එදා මගේ උදව්වෙන් වනයෙන් පිටතට ගිය පුද්ගලයාගෙන් ම යි මේ විපත වෙන්නේ. මගේ කයේ ඇති සවි බලයෙන් ඇත් දහසක සේනාවක් වුණත් නසන්ට පුළුවනි. කෝපයක් ඇතිවුණොත් රට

සහිත සේනා වාහන වුණත් නසන්ට පුළුවනි. නමුත් මං කිපුණොත් මගේ ම සීලයටයි හානි වෙන්නේ. මං අද සැත්වලින් කෙටුවත් කේන්ති ගන්නේ නෑ' කියා අධිෂ්ඨාන කොට හිස නමාගෙන නිශ්ශබ්ද ව සිටියා.

ඇත්ගොව්වා පියුම් විලට බැස්සා. ඇත්රජාගේ උතුම් ලකුණු දැක්කා. "මයෙ පුතේ, මෙහෙ එන්ට" කියා කතා කොට රිදී දමක් බඳු සොඬින් අල්ලාගෙන සතියකින් බරණැසට ගියා. බෝසත් මාතාව වූ මව් ඇතින්න පුත්‍රයා එනතුරු මග බලා සිටියා. 'අනේ මගේ පුත්‍රයා රාජපුරුෂයන් විසින් අල්ලාගෙන ගියාවත් ද! දැන් මගේ පුතාගේ නොපැමිණීමෙන් මේ වනය තනි වුණා' කියා වැලපෙමින් මේ ගාථා දෙක කීවා.

1. අනේ මගේ පුත්‍රයා - ඒ සොඳුරු ඇත්රජා
මේ වනය දාල ගියා - ඉන්දසාල, කෙළිඳ, කුරුන්දවීර
කරවර යන මේ රුක්වලටත් - නෙළුම් පැළවලටත්
දැන් කරදර නෑ වගේ - කිණිහිරි මල් දැන් ආසා
නිදහසේ පිපෙන්ටදෝ

2. උවටැන් කළ ආදරයෙන් මෑණියන් හට
ඒ මාගේ හස්තිරාජ පුත්‍රයා
අද රනබරණින් සැරසී - රාජබොජුන් බුදිනවා ඇතේ
මයෙ පුතුගේ පිට මත හිඳගත්
නිරිඳා හෝ රජකුමරෙක්
කිසි භයක් නැතුව පරසතුරන්ගේ
සන්නාහය බිඳිනවා ඇතේ

ඇත්ගොව්වා අතරමගදී ම රජ්ජුරුවන්ට පයිංඩයක් යැව්වා. රජ්ජුරුවෝ නගරය අලංකාර කරවා සුවඳ අතුරා ඇත්හල සැරසුවා. ඇත්ගොව්වා ඇත්රජාව ගරුසරු

ඇතුව පෙරහරින් කැඳවාගෙන ආවා. අලංකාර රෙදිවලින් වටකළා. රජ්ජුරුවන්ට දැනුම් දුන්නා. රජ්ජුරුවෝ නොයෙක් රසවත් බොජුන් රැගෙනවිත් ඇත්රජාට දුන්නා. ඇත්රජා 'මගේ අම්මා නැතිව මං මේවා කන්නෙ කොහොමද! මට එපා!' කියා සිතා ආහාර නොගෙන සිටියා. එතකොට රජතුමා ඇතාට කෑම කන්ට කියා ආයාචනා කරමින් මේ ගාථාව පැවසුවා.

3. **අනේ මගේ ආදර ඇත්රජෝ - ඔයා කෑම කන්ටකෝ**
නොකා නොබී මෙලෙසින් සිටියොත්
කෙට්ටු වෙලා දුර්වල වේවී
නිරිඳෙක් වෙනුවෙන් ඔයාට
බොහෝ රාජකාරි තියෙනවා
දැන් ඒවා කරන්ට වෙනවානේ

එය ඇසූ ඇත්රජා මේ ගාථාවෙන් පිළිතුරු දුන්නා.

4. **අයියෝ දැන් ඈ හොඳටම අසරණයි**
නෙත් දෙක ම ඇගේ පේන්නෙ නෑනේ
ඈට මග කියන්ට දැන් කවුරුත් නෑනේ
චණ්ඩෝරණ පර්වත බෑවුමේ
ඇවිද යන්ට බැරි තරමට
පාද කණුවල වදිමින් - ඈ වැලපෙනවා ඇත්තේ

මේ කියන්නේ කවුරු ගැනදැයි අසමින් රජතුමා ඇත්රජුට මේ ගාථාව පැවසුවා.

5. **අනේ මගේ ඇත්රජෝ,**
දෑස් නොපෙනෙනා - මග කියන්ට කවුරුත් නැති
චණ්ඩෝරණ පර්වත බෑවුමේ
පාදත් කණුවල වදිමින් - වැලපෙමින් සිටින කෙනා
කවුරු ද තොපගේ ?

එතකොට බෝධිසත්වයෝ රජුට මේ ගාථාවෙන් පිළිතුරු දුන්නා.

6. මහරජුනේ එයා තමයි මගෙ ආදර අම්මා
ඇගේ දෑස ම නොපෙනේ
මග කියන්ට දැන් කවුරුත් නැනේ
චණ්ඩෝරණ පර්වත බෑවුමේ - පාද කණුවල වදිමින්
ඇගේ එක ම පුතා වන - මා ගැන ම සිත සිතා
වැලපෙමින් හඬනවා ඇතේ

එතකොට රජ්ජුරුවන්ට මහා දුකක් හටගත්තා. සිය මව් පෝෂණය කරන මහා ගුණවත් ඇත්රජෙකු තමා සන්තකයේ තබාගැනීමට අකැමති වුණා. ඇත්රජාව නිදහස් කරමින් මේ සත්වෙනි ගාථාව පැවසුවා.

7. අනේ මිතුර, මේ පින්වත් ඇත්රජා
ඉක්මනින් ම නිදහස් කරපන්
මෙයා තමාගේ ආදර අම්මා
හොඳින් බලා උවටැන් කරමින් උන්නා
මේ පින්වත් ඇත්රජා - මව හා යළි එක් වේවා!
සියලු නෑසියන් හා යළි එක් වේවා!

භාග්‍යවතුන් වහන්සේ එසේ වදාරා මේ ගාථාවන් වදාළා.

8. ඒ බෝසත් ඇත්රජාට - රජගෙදරින් නිදහස ලැබුණා
කසී රජතුමා නැවතත් - හිමවතට ම ඇතාව ඇරලෙව්වා
මොහොතක් විවේකී ව සිටි ඇතා
යළි හිමවත් පව්ව වෙතට ආවා

9. ඇතුන් විසින් සෙව්නා ලද - සීතල දිය උතුරා ගිය
නෙළුම් විලට බැස - සොඬින් ජලය පුරවා ගත්තා

මව් වෙතට ගොසින් සොඬ ඔසොවා
සීතල දිය ඈ මත ඉස්සා

ඇත්රජා පියුම් විලට බැස නෙළුම් අලත් ගලවා ගත්තා. 'අපෙ අම්මාට පළමුවෙන් ම ගොදුරු අනුභව කරවා මං පස්සෙ ගන්නවා' කියා සිතා සීතල ජලයෙන් සොඬ පුරවාගෙන ගියා. ගුහා දොරකඩ සතියක් මුළුල්ලේ නිරාහාර ව සිටි අම්මාට තමා ආ වග දැනුම් දෙන්ට ඕනෑ යි සිතා ඇගේ සිරුර මත සිහිල් දිය ඉස්සා. බෝසත් මාතාව සිතුවේ වැස්සක් වහිනවා කියලයි. ඇය වැස්සටත් දොස් නගමින් මේ ගාථාව පැවසුවා.

10. කවුදෑ බොල මේ ළාමක දෙවියා
නරක ම වෙලාවටයි - වැස්ස ලබාදෙන්නේ
මගේ කුසින් උපන් සොඳුරු පුතු
අයියෝ කවුදෝ මගෙන් බැහැර ගෙන ගියා
එයා තමයි මට - හැම උවටැන් කෙරුවේ

එතකොට සිය මව සනසමින් බෝසත් ඇත්රජා මේ ගාථාව පැවසුවා.

11. නැගිටින්ට මගේ ආදර අම්මේ
ඇයි ද ඔයා නිදමින් ඉන්නේ
ඔයාගෙ කුසින් උපන් පුතු
දැන් මේ ඇවිදින් ඉන්නේ
යස පිරිවර ඇති නුවණැති - කාසි රජතුමා
මා නිදහස් කළා නොවැ අම්මේ

එතකොට ඈ හනිකට නැගිට්ටා. රජුට පුණ්‍යානුමෝදනා කරමින් මේ ගාථාව පැවසුවා.

12. කාසි රටේ දියුණුව සදනා පින්වත් රජු
අනේ බොහෝ කල් සුවසේ ජීවත් වේවා
හැම කල වැඩිහිටි අප හට උවටැන් කරනා
මගේ පුතුට ඒ නිරිඳා නිදහස දුන්නා

රජ්ජුරුවෝ බෝසත් ඇත්රජාගේ ගුණය ගැන හොඳටම පැහැදුණා. ඒ පියුම් විල අසල ගමක් කරවා ඇත්රජාටයි මව් ඇතින්නටයි නිරතුරු බත් දෙන්ට සැලැස්සුවා. පසු කලෙක මව් ඇතින්න කලුරිය කළා. ඇත්රජා ඇයගේ සිරුරට ගරුසරු දක්වා ඒ පෙදෙස අත්හැර කරණ්ඩක අසපුව වෙත ගියා. එතැන හිමවතින් පහළ පන්සියක් තපස්වීන් වාසය කරනවා. රජ්ජුරුවෝ ඇත්රජාට දුන් දන්වැට ඒ තපස්වීන්ට දෙන්ට සැලැස්සුවා. ඊට පස්සේ රජතුමා ඇත්රජාට සමාන රුවක් ගලින් කරවා එයට මහා සත්කාර කළා. ඒ කාලේ දඹදිව් වැසි මිනිස්සු අවුරුද්දක් පාසා ඒ ඇත්රජු වෙනුවෙන් හස්තිපූජා නමින් මහා උත්සවයක් කළා.

භාග්‍යවතුන් වහන්සේ මේ ජාතකය වදාරා චතුරාර්ය සත්‍ය දේශනාව වදාළා. ඒ දේශනාවේ කෙළවර මවට උවටැන් කළ භික්ෂුව සෝවාන් ඵලයට පත්වුණා. "මහණෙනි, එදා කසී රජ ව සිටියේ අපගේ ආනන්දයෝ. ඇත්රජු විසින් කළ උපකාරය සිහි නොකොට රාජපුරුෂයන්ට ඇත්රජු පාවා දුන් පව්කාර තැනැත්තා ව සිටියේ දේවදත්ත යි. මව් ඇතින්න ව සිටියේ මහාමායා දේවිය යි. මව්ට උපස්ථාන කළ ඇත්රජු ව සිටියේ මම ය" කියා භාග්‍යවතුන් වහන්සේ මේ ජාතකය නිමවා වදාළා.

02. ජුණ්හ ජාතකය

ජුණ්හ රජතුමා බමුණාට සැලකූ කතාව

පින්වතුනේ, පින්වත් දරුවනේ,

අපගේ ආනන්ද තෙරුන් වහන්සේට තරම් භාග්‍යවතුන් වහන්සේ ළඟින් ඉන්ට වෙනත් කිසිම ශ්‍රාවකයෙකුට භාග්‍යය තිබුණේ නැහැ. ආනන්දයන් වහන්සේ තමයි භාග්‍යවතුන් වහන්සේට මහත් ආදරයෙන් සෙවණැල්ලක් සේ උපස්ථාන කරමින් සිටියේ. භාග්‍යවතුන් වහන්සේට වරින් වර යම් යම් භික්ෂූන් වහන්සේලාගෙන් උපස්ථාන ලැබුණා. එහෙත් වයස පනස් පහ වන විට ස්ථිර උපස්ථායක භික්ෂුවකගේ අවශ්‍යතාව භාග්‍යවතුන් වහන්සේට දැනුණා.

ඒ දිනවල භාග්‍යවතුන් වහන්සේ වැඩවාසය කොට වදාළේ සැවැත් නුවර ජේතවනයේ. එදා භාග්‍යවතුන් වහන්සේ භික්ෂු සංඝයා අමතා වදාළා. "මහණෙනි, මා දැන් කෙමෙන් වයසට යනවා. මට උවටැන් කරන ඇතැම් භික්ෂූන් මේ මගින් යමු කියා මා යෝජනා කළ විට පාත්‍රය බිම තබා වෙනත් මගින් යනවා. මේ ආදී කටයුතු නිසා මා වෙනුවෙන් නිතර කැපවී උවටැන් කළ හැකි භික්ෂුවක් සිටීදැයි බලන්ට."

"අනේ ස්වාමීනී, වෙනත් භික්ෂූන් ඕනැන්නේ නෑ. භාග්‍යවතුන් වහන්සේට උවටැන් කරන්ට මට පුළුවනි" කියා හිස මත දොහොත් තබා වැඳ අපගේ සාරිපුත්ත මහරහතන් වහන්සේ පෙරට වැඩියා. තවත් බොහෝ ධ්‍යානාන්තර ලාභී මහතෙරුන් වහන්සේලා පෙරට වැඩියා.

"මහණෙනි, තොප සසරේ පැතූ පැතුම් අනුව ඒ ඒ ධ්‍යානාන්තරවලට පත්වී සිටිනවා. ඒ නිසා මේ කටයුත්ත අදාළ වෙන්නේ නෑ" කියා භාග්‍යවතුන් වහන්සේ ඒ මහා ශ්‍රාවකයන් වහන්සේලාගේ ඉල්ලීම පිළිගත්තේ නෑ.

එතකොට භික්ෂූන් වහන්සේලා අපගේ ආනන්දයන් වහන්සේ වෙත ගොස් 'ඇවැත් ආනන්දයෙනි, තොප භාග්‍යවතුන් වහන්සේට උපස්ථාන කරන්ට ඉතා සුදුසුයි කියා අපට සිතේ. අනේ ගොහින් භාග්‍යවතුන් වහන්සේගෙන් එයට අවස්ථාවක් ඉල්ලා සිටින්ට' කියා පෙළඹෙව්වා. එතකොට අපගේ ආනන්දයන් වහන්සේ භාග්‍යවතුන් වහන්සේ වෙත ගොස් වන්දනා කොට තමන් වෙත ලබා නොදිය යුතු දේවල් සතරකුත් ලබාදිය යුතු දේවල් සතරකුත් වශයෙන් වර අටක් ඉල්ලා ගත්තා.

එයින් තමා වෙත නොලැබිය යුතු මුල් සතර වන, ඉදින් භාග්‍යවතුන් වහන්සේට ලැබෙන සිවුරු මට නොදෙන සේක් නම්, භාග්‍යවතුන් වහන්සේ වෙත ලැබෙන භෝජන මට නොදෙන සේක් නම්, භාග්‍යවතුන් වහන්සේ වැඩසිටින සුගන්ධ කුටියේ මට ඉඩ නොදෙන සේක් නම්, එසේ ම භාග්‍යවතුන් වහන්සේගේ ඇරයුම්වලට මා නොකැඳවා යන සේක් නම්, මම කැමති වෙමි' යි කියා මුල් සතර වර ඉල්ලා ගත්තා.

තමාට ලැබිය යුතු වර සතර වූයේ මෙය යි. දුර බැහැර සිට පැමිණි සැදැහැවතුන්ට ඕනෑම විටෙක භාග්‍යවතුන් වහන්සේව මුණගස්වන්ට අවසර දෙන සේක් නම්, ධර්මය විනය පිළිබඳ අසා දැනගත යුතු යමක් ඇත්නම් ඕනෑම වෙලාවක ඇවිත් අසන්ට අවසර දෙන සේක් නම්, තමා පිළිගත් ඇරයුමකට භාග්‍යවතුන් වහන්සේ වඩිනා සේක් නම්, එසේ ම තමා ළඟ නොසිටි වේලාවක භාග්‍යවතුන් වහන්සේ වදාළ ධර්මය නැවත තමන්ට පවසන්ට කැමති වන සේක් නම්, මම භාග්‍යවතුන් වහන්සේට උපස්ථාන කරන්ට කැමතියි' කියා පවසා සිටියා. භාග්‍යවතුන් වහන්සේගෙන් ආනන්දයන් වහන්සේට ඒ අටවරය ම ලැබුණා. එදායින් පසු භාග්‍යවතුන් වහන්සේගේ සිතැඟි අනුව මහත් ආදර ගෞරවයෙන් යුතුව අප ආනන්දයන් වහන්සේ අග්‍ර උපස්ථායක බවට පත්වුණා.

දවසක් දම්සභා මණ්ඩපයේ රැස්වූ භික්ෂූන් වහන්සේලා අපගේ ආනන්දයන් වහන්සේ කෙරෙහි භාග්‍යවතුන් වහන්සේ දක්වන දයානුකම්පාව නිසා වර අටක් ම ලබන්ට වාසනාව ලද බව කතා කරමින් සිටියා. ඒ අවස්ථාවේ භාග්‍යවතුන් වහන්සේ එතැනට වැඩම කොට වදාළා. භික්ෂූන් වහන්සේලා තමන් කතා කරමින් සිටි කරුණ භාග්‍යවතුන් වහන්සේට සැලකොට සිටියා.

"මහණෙනි, මං අපගේ ආනන්දයන් වහන්සේට වරයන් දීමෙන් සතුටට පත්කළේ මේ ආත්මයේ විතරක් නොවේ. මීන් පෙර ආත්මවලත් මෙසේ වරයන් දී තියෙනවා" යි කියා භාග්‍යවතුන් වහන්සේ මේ ජුණ්හ ජාතකය ගෙනහැර දක්වා වදාළා.

මහණෙනි, ගොඩාක් ඉස්සර කාලෙක බරණැස් පුරේ බ්‍රහ්මදත්ත නමින් රජෙක් රාජ්‍ය විචාරමින් සිටියා. ඔහුගේ පුත්‍ර කුමාරයාගේ නම ජුණ්හ. එදා ඒ ජුණ්හ කුමාරයා තක්ෂිලාවෙන් ශිල්ප හදාරා, ආචාර්යවරුන් පුදා, ආචාර්ය නිවසේ සිට තමන් නැවතී සිටි නිවසට එන අතරේ රෑ කාලය නිසා ටිකාක් වේගයෙන් ආවා. එදා ආහාර සිඟාගත් එක්තරා බ්‍රාහ්මණයෙකුත් තමන්ගේ වාසස්ථානයට යමින් සිටියා. ජුණ්හ කුමාරයා බ්‍රාහ්මණයාව දැක්කේ නෑ. වේගයෙන් එද්දී තමන්ගේ අත වැදී අර බ්‍රාහ්මණයා බිම වැටී ඔහුගේ බත් පිරවූ මැටි පාත්‍රයත් වැටී බිඳුණා. එතකොට බිම වැටී සිටි බ්‍රාහ්මණයා කෑගසන්ට පටන් ගත්තා.

ජුණ්හ කුමාරයාට බ්‍රාහ්මණයා ගැන අනුකම්පා සිතුණා. යන ගමන නවත්වා බ්‍රාහ්මණයාව අතින් අල්ලා නැගිට්ටුවා. බ්‍රාහ්මණයා මෙහෙම කීවා. "අනේ දරුවෝ... ඇයි නුඹ මගේ භික්ෂා පාත්‍රය බින්දේ. මට ඒකෙ වියදම දීපං."

"මේ අහන්ට බ්‍රාහ්මණය, මට මේ වෙලාවේ ඔයාගේ බත් පාත්‍රයේ වියදම දෙන්ට පුළුවන්කමක් නෑ. මං කාසි රටේ රජ්ජුරුවන්ගේ පුතා වන ජුණ්හ කුමාරයා. මට රජකම ලැබුණා ම ඔයා එහේ එන්ට. ඇවිත් මගෙන් වස්තුව ඉල්ලන්ට."

ශිල්ප හැදෑරීම අවසන් කළ ජුණ්හ කුමාරයා ආචාර්යපාදයන් වැඳ අවසර ගෙන බරණැසට ගොස් පියරජු ඉදිරියේ පෙනී සිටියා. තමන් ඉගෙන ආ ශිල්ප දැක්වුවා. පියරජුට හරිම සතුටුයි. 'මං ජීවත් ව ඉන්නැද්දී

රජකමට පත් මයෙ පුත්‍රයාව දකින්ට ඕනෑ' ය කියා ජුණ්හ කුමාරයාව රාජ්‍යයෙහි අභිෂේක කළා. ජුණ්හ රජු ලෙස ප්‍රසිද්ධියට පත් ඔහු දැහැමි ව රාජ්‍ය පාලනය කළා. බ්‍රාහ්මණයාටත් ඒ පුවත අසන්ට ලැබුණා.

'දැන් මගේ බත් පාත්‍රය බිඳුන එකේ වියදම ඉල්ලා ගන්ට කාලෙ හරි' යි සිතා බරණැසට ගියා. බරණැසට ගොහින් අලංකාරව සරසන ලද නගරය ප්‍රදක්ෂිණා කරන ජුණ්හ රජු දැක එක් උස් පෙදෙසක සිට දැත් උඩට දිගු කොට ජය පැතුවා. රජ්ජුරුවෝ ඒ දෙස නොබලා ම ගියා. තමාව නොදැක්ක බව බමුණාට වැටහී නැවත කෑගසා මේ ගාථාව පැවසුවා.

1. **අනේ උතුම් නිරිඳුනේ, වචනය මගෙ අසනු මැනේ**
   මම ජුණ්හ වෙමි කියා මට කිව් - රජු දකින්ට ආවේ
   වැදගත් කරුණකට මිසක් - නෑ නිකම් ම ආවේ
   දුර සිට ආ මේ බමුණා - නොදුටුවා වාගෙ යන එක
   හරි නැත කියලයි - නැණවතුන් කියන්නේ

එතකොට ජුණ්හ රජතුමාට බමුණාගේ කතාව ඇසුණා. ඇත්රජාව නවතා බමුණාට මේ ගාථාව පැවසුවා.

2. **බමුණ මම දැන් නවතිමි - අසන්නෙමි තොපගේ බස**
   නොවළහා කියව මා හට - ඇයි ද මෙහි ආවේ තොප
   මාගෙන් කුමක් පතමින් - ඇවිත් ඉන්නේ ද මෙහි
   බමුණ මාගේ පැනයට - පිළිතුරු ලබාදෙනු මැන

එතකොට බ්‍රාහ්මණයා රජුට පිළිතුරු දෙමින් මේ ගාථාව පැවසුවා.

3. **නිරිඳුනේ මා හට - ගම්වර පසක් දුන මැන**
   සියයක් දාසීන් හා - සත්සියයක් ගොනුන් දුන මැන

නුවණ වැඩෙන බෝසත් කතා - 45 (ඒකාදසක නිපාතය) 23

දහසකට වැඩියෙනුත් - රන් කහවණු ද දුන මැන
මගේ කුලයට ගැලපෙන - පතිනි දෙදෙනෙකු දුන මැන

මෙසේ කිසි භයක් නැතිව මෙතරම් දෙයක් ඉල්ලන මේ බමුණා කවුරුදැයි රජුට සිතාගත නොහැකි විය. ඒ ගැන ප්‍රශ්න කරමින් මේ ගාථාව පැවසුවා.

4. බමුණ තොප හරි බලවත්
   තපස් ගුණ ඇති අයෙක් දෝ
   සිද්ධි බල ලද මහා - මන්තර බලය ඇතිදෝ
   තොපට කීකරු බලවත් - යකුන් බැඳගෙන ඇතිදෝ
   නැත්නම් තොප මට සිදුකළ - කිසි යහපතක් ඇතිදෝ

බමුණා එයට පිළිතුරු දෙමින් මේ ගාථාව පැවසුවා.

5. අනේ නිරිඳුනි මට නම් - කිසි තපස් බලයක් නැතේ
   සිද්ධි බල ලද මහා - මන්තර බලයකුත් නැතේ
   බැඳ වැඩ ගන්ට හැකි - කිසිම යකෙකුත් මට නැතේ
   තොප හා පෙර ඇති වූ - සබඳකම පමණක් ඇතේ

රජතුමාට බමුණා කියන්නේ කුමක්දැයි වැටහුණේ නෑ. එය පහදාගනු පිණිස මේ ගාථාව ඇසුවා.

6. බමුණ මම නම් හරි හැටි - අද ය තොප දැකගත්තේ
   මීට පෙර කිසි දවසක - දුටු බව මතක නැත්තේ
   එනිසා ඒ කරුණ - හොඳින් පැවසිය යුත්තේ
   කවදා කොතැන තොප හා - මා එකතු වී ඇත්තේ ?

එතකොට බ්‍රාහ්මණයා එදා තක්සලාවේ සිටියදී තමන් බිම වැටී පාත්‍රය බිඳුණු සිද්ධිය සිහිපත් කරවමින් මේ ගාථාවන් රජුට පැවසුවා.

7. රජුනේ ඉස්සර ලස්සන - ගන්ධාර තක්සිලාවේ
   තොප ඉගෙන ගන්න කාලේ - මාත් හිටියා තක්සිලාවේ

දවසක් රැයේ කළුවර - මං පාරේ ඇවිද යන විට
තොප ඇවිත් වේගයෙන් - මා ගතේ හැපුණා නොවැ

8. එතකොට නිරිඳුනේ එදා - මං වැටී බිඳුණා පාත්‍රය
තොප මාව නැගිටුවා - දයාවෙන් කීවා මෙසේ
රජකම ලැබුණු විට - එන්ට කීවා මිල ගෙවන්නට
ඊට පෙර හෝ පසුවත් - යළි නෑ අප හමුවූයේ

බමුණා එය කියද්දී රජ්ජුරුවන්ට ඒ සිදුවීම හරි අගේට මතක් වුණා. එදා බමුණාව නැගිටුවා ඔහුව සනසා ඔහුගේ බිඳුණු පාත්‍රයේ මිල ගෙවන්ට පොරොන්දු වූ වග මතක් වුණා. එය මතක් වී සතුටට පත් රජතුමා මේ ගාථාවන් කීවා.

9. බමුණ යම් දිනක
මුණගැසේ නම් යමෙකුට සත්පුරුෂයෙක්
හිතවත්කමක් මොහොතක - ඇතිවෙයි ද ඔහු සමග
කිසිවිට නුවණැති අය - නෑ එය සිතින් බැහැරලන්නේ
පෙර කළ කී දෙය - නෑමයි නොතකා හරින්නේ

10. අනුවණ මෝඩයෝ - පොදු ජනයාව රවටා
නොයෙකුත් පොරොන්දු දෙති
ඔවුන් බලයට පත්වූ විට - පෙර කියූ දෙය අමතකයි
බාලයන් හට කොතරම් - හොඳ කළත් අමතකයි
කෙළෙහි ගුණ නොදත් බව - බාලයාගේ සලකුණයි

11. එහෙත් නුවණැති අය - හිතවත් වුණොත් යමෙකුට
ඔවුන් බලයක් ලද විට - පෙර කියූ දෙය සිහිකරයි
ඉතා සුළු දෙයකින් - නැණවතුන් හට උදව් ලැබුණොත්
දත් බව කෙළෙහිගුණ - සත්පුරුෂයාගෙ සලකුණ

12. බමුණ මම තොපට - ගම්වර පසක් දෙන්නෙමි
දාසියන් සියයක් හා - ගොනුන් පන්සියය දෙන්නෙමි

දහසකට වැඩියෙනුත් - රන් කහවණුත් දෙන්නෙමි
තොප කුලය හා සැසඳෙන
පතිනි දෙදෙනෙකු දෙන්නෙමි

එතකොට බමුණා සතුටු සිතින් ඉහවහ ගියා. "අහෝ... මට අහම්බෙන් මෙන් මොහොතකට ලැබුණු සත්පුරුෂ ඇසුර කොතරම් ලාභයක් ලබාදුන්නා ද කියා උදම් අනමින් මේ ගාථාව පැවසුවා.

13. සත්පුරුෂ උතුමන් හා - මොහොතක ඇසුර ලැබුණද
ඒ ඇසුර ලද අයට - යහපතකි ඇතිවන්නේ
තරු පිරිවර මැද - දිලෙන සඳ ඔහු ය මේ ලොව
එදා මා හා කසීරජ - මොහොතකට ලද ඇසුරින්
අහෝ සතුටකි මා හට - ලැබුණි හැම මා පැතූ දෙය

"මහණෙනි, අපගේ ආනන්දයෝ මගෙන් වර ලැබුවේ අද පමණක් නොවේ. එදාත් මම මොහුට වර ලබාදුන්නා. මහණෙනි, එදා මගෙන් වර ලබාගත් බ්‍රාහ්මණයා වෙලා සිටියේ අපගේ ආනන්දයෝ. ජුණ්හ රජු ව සිටියේ මම ය කියා භාග්‍යවතුන් වහන්සේ මේ ජුණ්හ ජාතකය නිමවා වදාළා.

03. ධම්ම ජාතකය

ධම්ම දේවපුත්‍රයාගේ කතාව

පින්වතුනේ, පින්වත් දරුවනේ,

දේවදත්තගේ ජීවිතය අවසන් වූ හැටි ඔයාලා අසා ඇති. ඔහු ගොඩාක් පව් රැස්කරගත්තා. අපගේ භාග්‍යවතුන් වහන්සේගෙන් පන්න පන්නා පළිගත්තා. භාග්‍යවතුන් වහන්සේගේ ජීවිතය නසන්ට කොතෙකුත් වෑයම් කළා. හැබැයි ඒ එකක්වත් හරි ගියේ නෑ. නමුත් පළිගැනීම ගැන ඔහු කිසිසේත් සෑහීමට පත්වුනේ නෑ. භාග්‍යවතුන් වහන්සේට තව තවත් විරුද්ධ වන්නට ඕනෑ ය සිතා සංඝයා අතර තිබූ සමගිය නැති කොට සංඝභේදය නමැති භයානක පාප කර්මයත් කරගත්තා. අපගේ සාරිපුත්ත මහරහතන් වහන්සේගේ ශිෂ්‍ය භික්ෂූන් පන්සිය නමක් තමන්ගේ මතයට පක්ෂපාත කරවා ගත්තා. ඒ භික්ෂූන් පන්සිය නමටත් සැබෑ සත්පුරුෂයා කවුද කියා හඳුනා ගන්ට බැරිව ගියා. තමන්ගේ විමුක්තිදායකයා දේවදත්ත ය කියා මුළා වී ඔහු සමග ගයාවට පිටත් වුණා. ගයා ශීර්ෂයේ මහා විහාරයේ වාසය කළා.

දේවදත්තගේ ඇසුරෙන් ඒ පන්සියයක් භික්ෂූන් මහත් දෘෂ්ටි විපත්තියකට පත්වෙන්ට යන බව භාග්‍යවතුන් වහන්සේට දිවැසින් පෙනුණා. එතකොට භාග්‍යවතුන්

වහන්සේ සාරිපුත්ත, මොග්ගල්ලාන දෑගසව්වන් වහන්සේලාට වදාළේ ගයා ශීර්ෂයට ගොහින් ඒ විපතට පත්වෙන්ට යන භික්ෂූන්ව බේරාගන්ට කියලයි. ඒ අනුව දෑගසව්වන් වහන්සේලා ගයා ශීර්ෂයට ගොහින් පන්සියයක් භික්ෂූන් සෝවාන් ඵලයට පත්වෙන අයුරින් ධර්මය දේශනා කොට රජගහ නුවරට නැවත වැඩියා. ඒ පන්සීයක් භික්ෂූන්ටත් සිහි නුවණ ඉපදුණ නිසා දේවදත්ත ළඟ මොහොතක්වත් රැඳුණේ නෑ. දෑගසව්වන් වහන්සේලා පසුපසින් රජගහ නුවරට වැඩියා.

මේ සිදුවීම ගැන දැනගත් දේවදත්තට ලේ වමනෙ ගියා. හොඳටම අසාධ්‍ය වුණා. තමන්ගේ අවසාන කාලේ ළං වූ බව වැටහුණා. තමා විසින් භාග්‍යවතුන් වහන්සේට කළ වැරදි එකිනෙක මැවි මැවී පේන්ට පටන් ගත්තා. 'අයියෝ... මං මැරුණොත් අවීචි මහා නිරයේ උපදීවි' කියා මහා භයක් හටගත්තා.

'අනේ මං කොහොම හරි භාග්‍යවතුන් වහන්සේගෙන් සමාව ගන්ට ඕනෑ' කියා තමන්ගේ අතවැසි භික්ෂූන් අමතා මෙහෙම කීවා. "අනේ මහණෙනි, මාව භාග්‍යවතුන් වහන්සේ ළඟට ගෙනියන්ට. මට උන්වහන්සේගෙන් සමාව ගන්ට ඕනෑ."

එතකොට අතවැසි භික්ෂූන් වහන්සේලා දේවදත්ත සැතපී සිටි ඇඳ පිටින් ඔසොවාගෙන පා ගමනින් ම ගයා ශීර්ෂයේ සිට සැවැත් නුවර දක්වා එක්සිය විසි යොදුනක් දුර ගමනට පිටත් වුණා. ජේතවනයේ දොරටුව වෙත ළං වෙද්දී ඔහුට තදබල පිපාසයක් ආවා. "අනේ මට පැන් ටිකක් දෙන්ට. අධික පිපාසයි" කීවා. එතකොට

අතවැසි භික්ෂූන් ඇඳ බිමින් තිබ්බා. දේවදත්ත පැන් බීමට ඕනෑකමින් ඇඳෙන් නැගිට බිමට පා තැබූ සැණින් පොළොව විවර වී ඇතුළට ගිලී ගියා. අවීචි මහා නිරයේ උපන්නා.

එදා දම්සභා මණ්ඩපයේ රැස්වූ භික්ෂූන් වහන්සේලා දේවදත්ත විසින් තම ඉරණම තමන් ම සකසා ගැනීම ගැන කතා කරමින් සිටියා. භාග්‍යවතුන් වහන්සේ එතැනට වැඩිවිට භික්ෂූන් වහන්සේලා තමන් කතා කරමින් සිටි කරුණ ගැන භාග්‍යවතුන් වහන්සේට සැලකළා. භාග්‍යවතුන් වහන්සේ මෙසේ වදාළා.

"මහණෙනි, දේවදත්ත මේ ආත්මයේ තථාගත බුදුසසුනට පහර දී උපදවාගත් කර්මයේ විපාකයෙනුයි පොළොව පළාගෙන අවීචි මහා නිරයේ උපන්නේ. මීට පෙර ආත්මයකත් ඔහු දස කුසල්වලට පහර දී පොළොව පළාගෙන අවීචි මහා නිරයේ උපන්නා" කියා මේ අතීත කතාව ගෙනහැර දක්වා වදාළා.

"මහණෙනි, ගොඩාක් ඉස්සර කාලේ බරණැස් පුරේ බ්‍රහ්මදත්ත නමින් රජෙක් රාජ්‍ය විචාරමින් සිටියා. ඔය කාලේ මහා බෝධිසත්වයෝ 'ධම්ම' නමින් දිව්‍යපුත්‍රයෙක් ව කාමාවචර දෙව්ලොවක ඉපිද සිටියා. දේවදත්තත් 'අධම්ම' නමින් දේවපුත්‍රයෙක් ව ඉපිද සිටියා.

ධම්ම දේවපුත්‍රයා පුන් පොහෝ දා උපෝසථ දිනවල දිව්‍ය අප්සරාවන් පිරිවරා, දිව්‍ය රථයේ නැග, දිව්‍ය සළුපිළි අබරණින් සැරසී සවස් කාලයේ මිනිසුන්ට පේන්ට මනුලොව සැරිසරනවා. මනුලොව මිනිසුන් සවසට බත්

කා ගේ දොරකඩ වාඩිවී කතාබහේ යෙදී ඉන්න වේලෙහි තමයි මේ දිව්‍යපුත්‍රයා පෙනෙන්ට එන්නේ. ගම් නියම්ගම් රාජධානිවල ඔහු සැරිසරනවා. 'පින්වත් මිනිසුනේ, සතුන් මරන්ට එපා. අන් සතු වස්තුව සොරකමින් ගන්ට එපා. වැරදි කාම සේවනය කරන්ට එපා. බොරුවෙන් ලෝකයා රවටන්ට එපා. කේලාම් කියා සමගිය නැති කරන්ට එපා. නපුරු වචනයෙන් බැන වදින්ට එපා. ළාමක හිස් වචන කියන්ට එපා. මත්පැන් මත්ද්‍රව්‍ය භාවිත කරන්ට එපා. අන් සතු දේ තමන් සතු කරගැනීමට සිතන්ට එපා. පළිගැනීම, වෛරය, ක්‍රෝධය පවත්වන්ට එපා. මිසදිටු වෙන්ට එපා. මාපිය ගුරුවර වැඩිහිටියන්ට උපස්ථාන කරන්ට. දන්පැන් පුදන්ට. අන් අයට පිහිට වෙන්ට. සිත කය වචනයෙන් පින් රැස්කරගත් විට ඔයාලටත් මරණින් මතු දෙවියන් අතර ඉපදී අප මෙන් සැපසේ වසන්ට පුළුවනි" කියා ධර්මය ම කීවා. බොහෝ මිනිසුන් ඒ අදහස පිළිගත්තා. වරදින් වැළකී යහපත් දේ කළා. බොහෝ පින් රැස්කොට මරණින් මතු දෙවියන් අතරේ උපන්නා.

අධම්ම දෙවියාත් අලංකාර දෙව් සළුවෙන් සැරසී, පිරිවර සහිතව දඹදිව සැරිසරනවා. ඔහුත් පොහෝ දවසට ගම් නියම්ගම් රාජධානි පුරා ඇවිදිනවා. "පින්වත්නි, ජීවත් ව සිටින කාලේ කා බී විනෝදයෙන් වාසය කරව්. පින් පව් සොයන්ට එපා. හොඳට සතුන් මරව්. තමන්ට සතුරුකම් කරන මිනිසුන් ද මරව්. කැමති ක්‍රමයකින් ධනය උපදවාගෙන සැප විඳිව්" කියමින් දස අකුසල්හි මිනිසුන් සමාදන් කෙරෙව්වා. මේවා කියන්නේ දෙවියෙක් ය කියා අදහාගත් මිනිසුන් බොහෝ පව් රැස්කොට මරණින් මතු නිරයේ උපන්නා.

දවසක් ධම්ම දේවපුත්‍රයා සිටි රථයත්, අධම්ම දේවපුත්‍රයා සිටි රථයත් අහසේදී මුහුණට මුහුණ හමුවුණා. එතකොට අධම්ම දේවපුත්‍රයාගේ පිරිස මෙසේ ඇසුවා. "එම්බා දෙවිවරුනි, තොප කාගේ පිරිස ද?"

"අපි ධම්ම දේවපුත්‍රයාගේ පිරිසයි. එතකොට දෙවිවරුනි, තොප කාගේ පිරිස ද?"

"අපි අධම්ම දේවපුත්‍රයාගේ පිරිසයි" කියා ඔවුන් පෙරට ඇවිත් අහසේ මාවත හරස් කොට සිටියා. එවිට ධම්ම දේවපුත්‍රයා අධම්මට මෙය කීවා.

"මිත්‍ර අධම්ම, ඔබ අධර්මය කියන කෙනෙක්. මම ධම්ම. මිනිසුන්ව යහපතෙහි, සැපයෙහි, සම්පත්තියෙහි සමාදන් කරවන කෙනෙක්. ඒ නිසා මේ මාර්ගයෙහි පළමු කොට මට යන්ට සුදුසු යි. ඒ නිසා ඔබ රථයෙන් බැස මට මාවතේ ඉඩ දෙව්" කියා මේ පළමු ගාථාව පැවසුවා.

1. දෙව් මිනිසුන් හට නිරතුරු - සැප සලසා දෙන
   පන්සිල් හා අටසිල් - දස කුසල් ද කරදෙන
   මහණ බමුණු සැමගෙන් - නිති පැසසුම් හිමි වන
   දෙව් මිනිසුන්ගෙන් පූජිත - මේ මගට සුදුසු වන
   ධම්ම නමැති දෙව් වෙමි මම - අධම්මයෙනි එනිසා
   මට මාවත දෙනු මැන

එතකොට අධම්ම මෙසේ කීවා. "හෝ... එහෙම කොහොමෙයි වෙන්නේ? ඒක එහෙම වෙන්ට බෑ. එහෙනම් හොඳට අහගන්නවා" කියා මේ ගාථාව පැවසුවා.

2. හන් හා දැනගනුව සොඳින් - අධම්ම වෙමි මම
   කිසි දේකට භයක් නොමැති - අභීත සිත් ඇති මම
   මේ අධර්ම යානයට ගොඩවුණේ - තිරසර සිතිනුයි

හැම අතින් ම බලවත් වන මම
එනිසා අන් අයව අධම්ම - මීට කලින් කිසිදා
යන්ට ඉඩක් දීපු නැති නිසා
අද කොහොමත් නොදෙමි තොප හට

අධම්මගේ ගාථාවට ධම්ම දෙව්පුත් කලබල වුණේ නෑ. ඔහු නිසොල්මනේ ම දැහැමි ලෙස පිළිතුරු දුන්නා.

3. අනේ මිතුර මේ කල්පය මුලින් ම හටගත් විට
පළමුව උපන්නෙ ධර්මය යි - අධර්මය පසුව උපන්නා
එනිසා වැඩිමල් ජ්‍යෙෂ්ඨයා වූයේ
හැමවිට ම ධර්මය යි
ධර්මය තුළින් ඔබ මට වඩා - බාල අයෙක් නිසා
වැඩිමලාට යන්නට මේ මාවත දෙනු මැන

එතකොට අධම්මත් ඒ කිසිවක් ගණනකට නොගෙන මේ ගාථාවෙන් පිළිතුරු දුන්නා.

4. ඉල්ලූ පමණින් මේ මග - තොපට නෑ ලැබෙන්නේ
වැඩිහිටි පිළිවෙළින් වුණත් - තොපට නෑ ලැබෙන්නේ
සුදුසුකමක් ඇත කීවත් - තොපට නෑ ලැබෙන්නේ
අද තොප හා මා අතරේ - යුද්ධය සිදු වේවා
යමෙක් දිනයි නම් යුද්ධය - ඔහුට මග ලැබෙන්නේ

එතකොට ධම්ම දෙව්පුතු තමන් පිළිබඳ කතා කරමින් මේ ගාථාවෙන් පිළිතුරු දුන්නා.

5. සියලු දිශාවල හා - අනුදිශාවෙ පැතිරී
මහත් බලැති සිතින් යුතුව - යස පිරිවර ඇති
කිසිවෙකු හා සම නොවනා - උතුම් ගුණය ඇති
ධම්ම නමැත්තා වෙමි මම
අධම්ම තොප දිනන්නෙ කොහොමද?

අධම්ම තෙමේත් තමන් ගැන පුරසාරම් දොඩමින් ධම්ම දෙව්පුතුට මේ ගාථාවෙන් පිළිතුරු දුන්නා.

6. රත්තරන් වුණත් තලන්නෙ - කුළුගෙඩියෙන් නොවෙදෝ
එනමුත් යකඩය කිසිදා - නෑ රන් මිටියෙන් තලන්නේ
ඒ වගේම අධම්ම වන මම්
අද ධම්මයාව තලා දමන්නේ
අලංකාර රත්තරනක් - කුළු ගෙඩියෙන් තලනව වාගේ

මේ තැනැත්තාගේ අසත්පුරුෂකම ධම්ම දෙව්පුතුට වැටහුණා. අසත්පුරුෂයාට දිනුම දී මොහුගේ අර්බුදයට හවුල් නොවිය යුතු යැයි සිතා මේ ගාථාව පැවසුවා.

7. අධම්මයෙනි තොප එහෙනම් - යුද බලයෙන් මත්වුණා
වැඩිහිටියන් හට පිදීම - ගුණවතුන්ට ගරු කිරීම
තොප තුළ තිබෙන බවක් නම් - දැකගන්නට නෑ
එනිසා පළමුවෙන් ම තොපට යන්ට
කැමැත්තෙන් ම මේ මග දෙමි
තොප පැවසූ නපුරු බසට - මම් සමාව දෙමි

ධම්ම දෙව්පුතු ඔහුට මග දීම පිණිස මේ ගාථාව පැවසූ සැණින් අධම්මට තමන්ගේ රථයේ ඉන්ට බැරුව ගියා. හිස යටිකුරු කොට යානයෙන් පහළට ඇදවැටුණා. කෙලින් ම පොළොවට වැටෙනකොට ම පොළොව පැළී යටට ගිලී ගියා. අවීචි මහා නිරයේ උපන්නා.

භාග්‍යවතුන් වහන්සේ ධර්මය දේශනා කිරීම් වශයෙන් මේ ගාථාවන් වදාළා.

8. ධම්ම දෙව්ගෙ වදන් - ඇසූ සැණින් අධම්ම
ඉන්ට බැරිව රථයේ - හිස යටිකුරු කොට හැරී
මම් යුද්ධයටයි ආසා කියා

අහෝ මට එයත් නැති වුණා
කියමින් තමන් ම වැනසී - මහා පොළොවට වැටුණා
මහපොළොවේ ගිලී - අවීචි නිරයේ උපන්නා

9. ඉවසීම නමැති බලයෙන් - අසත්පුරුෂ යුද්ධය දිනා
යුද බිමෙන් බැහැර කොට - අධම්ම පහළට හෙළුවා
ධම්ම දෙව් දිනුමෙන් තුටු වී - රථයට නැග්ගා
සත්‍ය තුළ ම ඔහු - ඉතා බලවත් වී සිට
තමන්ගෙ යන මග - හොඳින් නික්ම ගියා

10. යම් කෙනෙකුගෙ නිවසේ - මව්පියන්ට හෝ
සිල්වත් මහණ බමුණු හට - සැලකීමක් නැත්නම්
එබඳු අයෙක් සිරුර මෙහි දමා - පරලොව යන විට
ඔහුටත් යන්ට තිබෙන්නේ - දුක් ඇති නිරයේ උපතට
හිස යටිකුරු කොට - අධම්ම නිරයෙ වැටුන විලසට

11. යම් කෙනෙකුගෙ නිවසේ - මව්පියන්ට හෝ
සිල්වත් මහණ බමුණු හට - සැලකිලි ලැබදෙයි නම්
එබඳු අයෙක් සිරුර මෙහි දමා - පරලොව යන විට
ඔහුට යන්ට තිබෙන්නේ - සැප ඇති සුගති උපතට
යානයෙ නැග ධම්ම - දෙව්ලොව පැමිණි විලසට

මෙසේ වදාළ භාග්‍යවතුන් වහන්සේ "මහණෙනි, මීට කලිනුත් බෝසත් අවදියේ සිටි මා හට විරුද්ධකම් කරන්ට ගොහින් පොළොවේ ගිලෙන්ට දේවදත්තට සිදුවුණා කියා වදාරා "මහණෙනි, එදා අධම්ම දෙව්පුතු ව සිටියේ දේවදත්ත. ඔහුගේ පිරිස ව සිටියේ දෙව්දත් පිරිස ම යි. ධම්ම දෙව්පුතු ව සිටියේ මම. එදා මාගේ දෙව් පිරිස ව සිටියේ බුදු පිරිස ම ය කියා මේ ජාතකය නිමවා වදාළා.

04. උදය ජාතකය

උදයභද්ද කුමාරයාගේ කතාව

පින්වතුනේ, පින්වත් දරුවනේ,

බුද්ධ කාලයේදීත් මාර්ගඵල ලබන්ට මහා පින් ඇති අය පවා කාමයන්ට වසඟ වීමෙන් සිත පසුබට වූ අවස්ථා සඳහන් වෙනවා. මෙය එබඳු කථාවක්.

ඒ දිනවල අපගේ භාග්‍යවතුන් වහන්සේ වැඩවාසය කොට වදාළේ සැවැත් නුවර ජේතවනයේ. ඒ කාලේ සැවැත් නුවර විසූ එක්තරා භික්ෂුවක් ඉඳුරන් අසංවර ව නගරයේ පිඬුසිඟා වැඩියා. එහිදී මහහඬින් සිනාසෙන ස්ත්‍රියකගේ හඬ ඇසී සිහි මුළා වූ සිතින් හිස ඔසොවා ඇය දෙස බැලුවා. එතකොට දුටුවේ අලංකාර වස්ත්‍රයෙන් සැරසීගත් ඒ ස්ත්‍රිය යි. ඇය දැකීම් පමණකින් ඔහුගේ සිත රාගයෙන් කැළඹී ගියා. සතර සතිපට්ඨානයේ සිහිය පිහිටුවා ගන්ට අපහසු වුණා. අනේ මටත් ගිහි වෙන්ට ඇත්නම් හොඳ ය කියා සිතමින් එදායින් පසු අසතුටින් වාසය කළා.

භික්ෂූන් වහන්සේලා භාග්‍යවතුන් වහන්සේ වෙත ගොස් මෙකරුණ සැලකොට සිටියා. ඒ භික්ෂුව අමතා භාග්‍යවතුන් වහන්සේ මෙය වදාළා.

"භික්ෂුව, තොප ධර්මය සිහිකරගන්ට බැරිව ගෙදර යන්ට සිතනවා ය කියන්නේ හැබෑ ද?"

"එහෙමයි භාග්‍යවතුන් වහන්ස"

"ඇයි භික්ෂුව, ඔබට එතරම් ම මේ පැවිද්ද ගැන කලකිරීම ඇතිවුණේ?"

"අනේ භාග්‍යවතුන් වහන්ස, මා නගරයේ පිඬුසිඟා යද්දී අලංකාර වතින් සැරසී සිටි රුවැති ළඳක් දැක්කා. ඈ දුටු වේලාවේ පටන් තමයි මේ හැම දෙයක් ම වුණේ."

"භික්ෂුව, කෙලෙසුන්ගේ වසඟයට යනවා කියන්නේ ඕකටයි. අමා නිවන් සුව සලසන මෙබඳු නෛර්යාණික බුදු සසුනක පැවිදි වී සිටින තොප බඳු කුලපුත්‍රයන් ඇයි තමන්ගේ නිවන් මගට මෙසේ අනතුරු කරගන්නේ? බලන්ට භික්ෂුව, පුරාණ කාලයේ සිටි නුවණැත්තෝ සැප සම්පතින් පිරී ගිය දොළොස් යොදුන් විශාල සුරුන්ධන නගරයේ රාජ්‍යභාරය උසුලමින්, දෙව් අප්සරාවක බඳු අතිශය පියකරු ස්ත්‍රියක හා එක යහන්ගැබේ සැතපෙමින්, හත්සිය අවුරුද්දක් බඹසර රකිමින් වාසය කළා. එපමණ කලක් තමන්ගේ ඉඳුරන්ගේ සංවරය නසා ලෝභ සිතින් ඈ දෙසවත් බැලුවේ නෑ" කියා මේ අතීත කතාව ගෙනහැර දක්වා වදාළා.

ගොඩාක් ඈත අතීතයේ කාශී රටේ සුරුන්ධන නගරයේ කසීරජ රාජ්‍ය විචාරමින් සිටියා. මේ රජුගේ පරම්පරාව ඉදිරියට ගෙන යන්ට පුතෙක්වත් දුවක්වත් සිටියේ නෑ. ඒ නිසා රජ්ජුරුවෝ අගබිසවට පුතෙක් පතා පින් කරන්ට කීවා. අගබිසවත් පුත්‍රුවනක් පතා බොහෝ

දන්පැන් පුදමින්, උපෝසථ රකිමින් වාසය කළා. බ්‍රහ්ම ලෝකයේ වාසය කළ අප මහා බෝධිසත්වයෝ ඉන් චුත ව ඒ අගමෙහෙසියගේ කුස පිළිසිඳ ගත්තා. මහ ජනයාගේ සිතෙහි සතුට උදාකරමින් පුත්‍රුවනක් උපන් නිසා රජතුමා කුමාරයාට උදයභද්ද කුමාරයා යන නම තැබුවා.

කුමාරයා ඇවිද යන කාලේ බ්‍රහ්ම ලෝකයෙන් ම චුත වූ වෙනත් සත්වයෙක් ඒ රජතුමාගේ වෙනත් බිසවකගේ කුසෙහි පිළිසිඳ ගත්තා. ඇය දියණියක්. රජතුමා ඇයට උදයභද්දා යන නම තැබුවා. උදයභද්ද කුමාරයා නිසි වයසේදී ඉගෙනීම් කටයුතු සමාප්ත කළා. ඒ වගේ ම කුමාරයා උපතින් ම බ්‍රහ්මචාරී අයෙක්. සිහිනයකින්වත් සරාගී දෙයක් පේන්නේ නෑ. රාගාදී කෙලෙස් කෙරෙහි සිත පිහිටන්නෙත් නෑ. කසී රජතුමාට තම පුත් කුමාරයාගේ ඔටුණු පැළඳීමේ උත්සවය ගන්ට ඕනෑ වුණා. රජසුව විඳින්ට දැන් කාලය යැයි කියා නාටක ස්ත්‍රීන් උපස්ථානයට පිටත් කෙරෙව්වා.

"නෑ... මං කැමති නෑ. කොටින් ම මං රජකමටත් කැමති නෑ. මයෙ සිතේ මේවා ගැන කිසිම කැමැත්තක් උපදින්නේ නෑ" කියා කුමාරයා ඒ හැම එකක් ම ප්‍රතික්ෂේප කළා. රජ්ජුරුවෝ නැවත නැවතත් බලපෑම් කළ නිසා කුමාරයාට බේරෙන්ට ම බැරිව ගියා. එතකොට කුමාරයා දඹරන් පැහැයෙන් බබළන ඉතා අලංකාර ස්ත්‍රී රුවක් ශිල්පීන් ලවා නිර්මාණය කරවා 'මෙවැනි ස්ත්‍රියක් ලැබුණොත් රජකම ගැන සලකා බලන්නම්' කියා මව්පියන් වෙත පිටත් කළා.

එතකොට ඔවුන් ඒ ස්ත්‍රී රූපය අලංකාර රථයක නංවා මෙබඳු ස්ත්‍රියක් සිටී නම් දැනුම් දෙව් කියා මුළු දඹදිව පුරා රැගෙන යන්ට සැලැස්සුවා. පලක් වුණේ නෑ. ස්ත්‍රී රූපය නැවතත් සුරුන්ධන නගරයට රැගෙන ආවා. එදා උදයභද්දා කුමරිය සරසා ස්ත්‍රී රූපය ළඟ සිටෙව්වා. කුමරියගේ අලංකාර ආනුභාව සම්පන්න රූප ශෝභාව ඉදිරියේ දඹරන් රුවේ ආලෝකය සිඳී ගියා. කුමරිය ම බැබළෙන්ට පටන් ගත්තා.

ඒ උදයභද්දා කුමරියත් විවාහ ජීවිතයකට කිසිසේත් කැමති නෑ. එසේ දෙදෙනා ම අකැමති ව සිටියදී වෙනත් මවකගේ සොයුරු කුමාරියක වූ උදයභද්දා කුමරිය අගමෙහෙසිය කොට උදයභද්ද කුමාරයාව රාජ්‍යයේ අභිෂේක කළා. රාජමාලිගයේ සිරියහන් ගැබෙහි දෙදෙනා ම එක් යහනේ ම සැතපෙන නමුත් ඉතා පිරිසිදු බඹසර දිවියක් ම ගත කරන්ට පටන් ගත්තා.

කලක් යද්දී කසී රජ්ජුරුවෝත්, රජදේවියත් කලුරිය කළා. උදයභද්ද රජුගේ පාලනය ඇතිවුණා. උදයභද්ද රජුත් රාජමහේෂිකාවත් එක් යහන් ගැබෙහි වාසය කළත් එකිනෙකා දෙස ඉඳුරන් අසංවර ව බැලීමක්වත් වුනේ නෑ. මෙසේ බොහෝ කලක් ගත වුණා.

'අපි දෙන්නාගෙන් යමෙක් පළමුව මියගොස් යම් තැනක උපන්නොත් අසවල් තැන උපන්නා කියා ඇවිත් කියමු' කියා දෙන්නාට දෙන්නා පොරොන්දු ව සිටියා. රාජාභිෂේකයෙන් සත්සිය වසරක් ගතවුණු තැන උදයභද්ද රජු මරණයට පත්වුණා. වෙන රජෙක් නැති නිසා උදයභද්දා දේවිය රාජිනිය බවට පත්ව රාජ්‍ය විචාරන්ට

පටන් ගත්තා. ඇමතිවරුත් රාජිනියගේ අනුශාසනාව ක්‍රියාවෙහි යෙදෙව්වා.

උදයභද්ද රජ තව්තිසාවේ සක්දෙව් රජ ව උපන්නා. එහි ඇති යස කීර්තිය නිසා සත් දිනක් යනතුරු තමන් කවුද, කොහේ සිට පැමිණි අයෙක් දැයි සිහිකරගන්ට බැරිව ගියා. තව්තිසාවේ සත් දිනක් යනු මිනිස් ලොව සත්සිය වසරක කාලයක්. සක් දෙව්රජ තමන් උපත ලදුයේ කොහි සිට චුත වී පැමිණීමෙන් ද කියා පෙර ආත්මය විමසා බලද්දී තමා උදයභද්ද නම් රජෙක් ව සිටි බවත්, උදයභද්දා නමැති අගබිසොව සමග සත්සිය වසරක් පිරිසිදු බඹසර වුසූ බවත්, මරණින් මතු උපදින තැන කියන්ට එකිනෙකා පොරොන්දු ව සිටි බවත් මතක් වුණා. 'මං එහෙමනම් මනුලොව ගොහින් උදයභද්දා දේවිය ධනයෙන් පොළඹවා ගත හැකි දැයි විමසා, ඇයගේ පවිත්‍ර වූ ගුණයත් ලොවට පෙන්වා දී පොරොන්දුවෙනුත් නිදහස් ව එන්ට ඕනෑ' කියා සිතුවා.

ඒ කාලයේ මනුලොව මිනිසුන්ගේ ආයුෂ වසර දස දහසකින් යුක්තයි. දිනක් රාත්‍රී කාලයේ උදයභද්දා දේවිය රැකවල් සහිත වූ සත් මහල් ප්‍රාසාදයේ උඩුමහල් තලයේ මනාව දොරපියන් වසන ලද අලංකාර සිරියහන් ගැබෙහි තනිව ම සැතපී තමන් ගෙවන සිල්වත් ජීවිතය ගැන ආවර්ජනා කරමින් සිටියා. එතකොට ම අලංකාර වස්ත්‍රාභරණයෙන් සැරසීගත් දෙවියෙක් රන් කහවණු පිරවූ රන් බඳුනක් අත ඇතිව ඒ යහන් ගැබෙහි දේවිය ඉදිරියෙහි පහළ වුණා. පසෙකින් සිටි දෙවියා ඇය අමතමින් මේ පළමු ගාථාව කීවා.

1. මනරම් සිත්කලු සිරුරක් ඇත්තී
ඉතා හැඩට පායුග සකසා
මේ ප්‍රාසාදයේ උඩු මහලේ - තනිව හිඳින්නී
කිඳුරු නෙතින් යුතු රුචිරාණනියේ
තී අයදිමි මම් - එක් රැයකට අපි දෙදෙනා
මෙහි කම්සුව විඳිමුදෝ

එතකොට උදයභද්දා දේවිය හදිසියේ තමාගේ ඉදිරියේ දෙවියෙකුගේ වේශයෙන් පහළ වූ තැනැත්තා දෙස නෙත් විදහා බලමින් මේ ගාථාවන් පැවසුවා.

2. මේ සුරන්ධනපුරය කියන්නේ
මැනවින් රැකවල් තියෙනා නුවරක්
දිය අගලින් මනාව වටකොට
මහ පවුරින් හොඳින් ම වට බැඳ
දැඩි රැකවල් දොරටු ඇතිව
කඩුගත් පුරුෂයන් ඇතිව
මැනවින් රැකවල් තිබෙනා නුවරක්
මෙහි ඇතුළු වෙන්ට ලේසි නෑ

3. කොතරම් සවිබල තිබුණත්
යොවුන් බවින් අගපත් වී සිටියත්
තෑගි භෝග ගෙන ආවත්
මෙහි ඇතුළු වෙන්ට නම් බෑ
මේ රෑ මා හා එක්වනු කැමති ව
ආ තොප කවුරු ද වහා පවසනු

එතකොට දේවියට පිළිතුරු වශයෙන් සක්දෙවිඳු මේ ගාථාව පැවසුවා.

4. දුටුවන් වසඟ කරවන මිහිරාවියේ
දිව්‍යපුත්‍රයෙක් වෙමි මම්

දේවානුභාවයෙන් හැම දේ මැඩගෙන
මම තී ම සොයා ආවෙමි
සුන්දරියේ තිට මං - රන් කාසි පුරාලූ
මේ රන් බඳුන පවරමි - අද මා මේ යහනේ රඳවා
මා සතුටු කළ මැනේ

දෙවියාගේ ඒ කීම ගැන උදයභද්දාගේ සිතෙහි බලවත් පිළිකුලක් හටගත්තා. ඔහුට පිළිතුරු වශයෙන් ඇය මේ ගාථාව පැවසුවා.

5. එම්බා දෙව්රජ - අසාගනුව මෙය සොඳින්
තා දෙවියෙක් වුව මිනිසෙක් වුව - මට කමෙක් නැතේ
මගේ උදයභද්ද රජු මට සිටියා - ඒ හොඳටම ඇති
මහනුභාව දෙවිය වහම - මෙහි නොරැඳී බැහැරට යනු
තගේ ධනයත් රැගෙන යනු
නැවතත් මෙතැනට නොඑනු

සිංහනාදයක් බඳු ඇයගේ නිර්භීත වදන් ඇසූ දෙව්රජ සැණින් නොපෙනී ගියා. එහෙත් පසුදා රාත්‍රී කලින් වෙලාවට ම රන් කහවණු පුරවා ගත් රිදී බඳුනක් ඇතිව දේවිය ඉදිරියේ පෙනී සිටියා. එදා දේවියට මේ ගාථාව කියා ඇමතුවා.

6. තී අසා නැද්ද සුන්දරියේ
නර නාරී කම් සුවයේ තිබෙන උතුම් බව
ලෝසත කම්සුවයට ලොල් වී
බොහෝ පව් ද රැස් කරනා බව
නර නාරින් විඳින උතුම් සැප
අනේ තිගෙන් බැහැර වෙන්ට එපා
පුරවා රන් කාසි තිබෙන මේ රිදී බඳුන
තිට ය ගෙනාවේ මේ රැය ගත කරන්ට මං

එතකොට උදයභද්දා රාජදේවිය මෙහෙම සිතුවා. 'මේ සත්වයා සමග කතා කරන්ට ගොහින් තමයි නැවත නැවතත් මෙතැනට එන්ට පාර සදාගත්තේ. හොඳම වැඩේ කතා නොකර සිටින එකයි. මොහු මොනා කීවත් කමෙක් නෑ. මං වචනයක්වත් නොදොඩා ඉන්නවා' කියා ඇහුණේ නෑ වගේ අහක බලා ගත්තා. ඇය කතා නොකරන නිසා ටික වේලාවක් බලා සිටි දෙව්රජ නොපෙනී ගියා.

යළි පසුවදාත් ඒ වෙලාවට ම දෙව්රජු පෙනී සිටියා. මෙවර ඔහු ගෙන ආවේ රන් කාසි පිරවූ ලෝහ බඳුනක්. එය දේවියට පෙන්වා තමා සමග කම්සුව විඳින්ට කියා අයැද සිටියා. එතකොට උදයභද්දා දේවිය මේ ගාථාවෙන් පිළිතුරු දුන්නා.

7. **එම්බා පුරුෂය තා - නුවණ තියෙන අයෙක් නම් නොවේ**
මිනිහෙක් හට
නාරි සිතක් කම්සුවයට පොළඹවන්ට ආස නම්
ධනය ටිකෙන් ටික වැඩි කොට
ඒ ගැන ම ඇයට ආසා උපදවනවා
තා කරමින් ඉන්නේ මෙහි
එයට හාත්පසින් බැහැර වූ දෙයක්
ටික ටික ධනයේ වටිනාකම - අඩු කරමින් ඉන්නවා

"එම්බා පුරුෂය, තා මහා අනුවණයෙක්. නාරි සිතක් කෙලෙස් වසඟයට පොළඹවා ගන්නේ කොහොමද කියා තට වැටහෙන්නේ නෑ. පුරුෂයෙකුට ස්ත්‍රියක වසඟ කරගන්ට ඕනෑ නම් කළයුත්තේ තමා ඉදිරිපත් කරන ධනය ක්‍රමයෙන් වැඩිකොට පෙන්වීම යි. එහෙත් තා කරන්නේ ඊට හාත්පසින් ම විරුද්ධ දෙයක්. තා පළමුවෙන්

ගෙනැවිත් පෙන්නුවේ රන් බඳුනක්. ඊයේ පෙන්නුවේ රිදී බඳුනක්. අද ගෙනැවිත් පෙන්වන්නේ යකඩ බඳුනක්."

"පින්වත් රාජකුමාරී, එහෙම කියන්ට එපා. මං බොහෝම දක්ෂ වෙළෙන්දෙක්. නිකරුණේ අර්ථය නසන්නේ නෑ. ඉදින් ගෙවන දවසක් ගානේ තී ආයුෂයෙනුත් හැඩරුවෙනුත් වැඩෙනවා නම්, මං තිට ගෙන එන තෑගිවල වටිනාකමත් ක්‍රමයෙන් වැඩිකළ යුතුයි. නමුත් එහෙම නොවෙයි. මීට කලින් දුටුවාට වඩා දැන් තී මහලුයි. තිගේ ආයුෂත් හැඩරුවත් දවසක් පාසා ගෙවී යනවා. එය සැලකිල්ලට අරගෙනයි මං තෑග්ගේ වටිනාකම අඩු කළේ" කියා මේ ගාථා තුන පැවසුවා.

8. සොඳුරු හැඩරුව ඇත්තී - දන්නී ද තී මනුලොව
මිනිසුන්ගෙ ආයුෂ හා රුව - දිනෙන් දින ගෙවී යන වග
කෙටේරියකින් සින්ද දෙය ලෙස
තිගේ හැඩරුව හා ආයුෂ
නැවත ගන්නට බැරි ලෙසින් - තිගෙන් ගෙවිලා යන්නේ
තී සතු හැම දෙයක් ම - දිනෙන් දින ගෙවී යන්නේ

9. මහා යස පිරිවර ඇති - රාජදියණියේ
තිට වෙමින් යන දේ - මා හට හොඳින් පේනවා
දිව රෑ දෙකේ නොනැවතී - තිගෙ රුවත් ආයුෂත්
දිගටම ගෙවෙමින් යනවා

10. එනිසා මහ නුවණින් යුතු - රාජදියණියේ
ජරා දුකින් පහර වදින - ආයුෂ හා රුව පවතින
මේ දිවියෙන් වැඩක් ගන්ට නම්
පැවිදි ව බඹසර ම රකින්ට
කයක තිබෙන රුවට වඩා
ගුණයේ ඇති රුව ම වඩන්ට

එතකොට උදයභද්දා දේවිය ඒ දෙවියාගෙන් පැනයක් අසමින් මේ ගාථාව පැවසුවා.

11. මනුලොව මිනිසුන් වාගේ - දෙවිවරු නෑ දිරලා යන්නේ
ඔවුන්ගෙ දිව සිරුරුවලින්
රැළි වැටීම නෑනෙ පෙනෙන්නේ
මහනුභාව ඇති දෙවියනි - මම අසමි මෙය ඔබෙන්
දෙවියන්ගේ කය නොදිරා - කොහොමද පවතින්නේ ?

ඇයගේ ප්‍රශ්නයට පිළිතුරු වශයෙන් සක් දෙවිඳු මෙය පැවසුවා.

12. මනුලොව මිනිසුන් වාගේ - දෙවියො දිරන්නෑ තමයි
ඔවුන්ගෙ දිව සිරුරුවලින් - රැළි පෙනෙන්නෙ නෑ තමයි
දිනෙන් දින ම ඔවුන්ගෙ රුව - වැඩියෙන් බබළනවා
දිව්‍ය රූපයත් සැපයත් - කෙමෙන් වැඩී යනවා

එතකොට ඇය දෙව්ලොව උපත ලබන්නේ කෙසේ දැයි කියා අසමින් මේ ගාථාව පැවසුවා.

13. අනේ දෙවිය මෙහි නොයෙක් දෙනා
කුමකට භය වීමෙන් දෝ - කුමකින් පිරිහීමෙන් දෝ
දෙව්ලොව උපතකට නොයන්නේ ?
මහනුභාව දෙව්රජුනේ - මම අසමි මෙය තොපෙන්
මෙයින් චුත ව පරලොව යන විට
භයක් ඇති නොවෙයි නම් - ඒ මග සකසාගත යුත්තේ
කුමක පිහිටලා දෝ ?

එවිට සක් දෙවිඳු මේ ගාථාවෙන් පිළිතුරු දුන්නා.

14. පින්වත් රාජදියණියේ,
තමාගෙ වචනයත් සිතත් - පිහිටුවා යහපතේ
කයෙනුත් කිසි පවක් නොකොට - පින රැස්කළ යුත්තේ

දන් දීමේ විපාක ඇති බව - හොඳින් ම අදහාගෙන
මහණ බමුණු යදියන් හට - මුදු සිතකින් දන් දිය යුත්තේ
සුදුස්සාට සුදුසු තැන දෙමින් - සංග්‍රහ කළ යුත්තේ
නුවණ වැඩෙන මියුරු වදන් - නිති පැවසිය යුත්තේ
මේ ගුණවල පිහිටා සිටි විට
පරලොව භය වෙන්ට දෙයක් නැත්තේ

එතකොට උදයභද්දා දේවිය දෑත් එක්කොට වඳිමින් දෙවිරජුට ස්තුති ප්‍රශංසා කරමින් මේ ගාථාවන් පැවසුවා.

15. අනේ මවක් පියෙක් වගේ
දරුවෙකු හට ඔවදන් දෙන සේ
පින්වත් දෙවිරජුනි තොපත්
කරුණාවෙන් මට ඔවදන් දුන්නා
උතුම් දෙව්රුවින් බබළන දෙවියනි
තොප කවුද කියා - මා හට කිව මැන

එවිට සක් දෙවිඳු මේ ගාථාවෙන් තමාව හඳුන්වා දුන්නා.

16. පින්වත් සුන්දරියේ මම - උදයභද්ද රජු වෙමි
පොරොන්දුවක් ඉටු කෙරුමට - දෙව්ලොව සිට ආවෙමි
ඔබ අමතා යන්ටයි මා ආවේ
දැන් මං ඒ පොරොන්දුවෙන් - නිදහස් වී ගියා

"පින්වත් සුන්දරී උදයභද්දා, මං පෙර ආත්මයේ තොපගේ ස්වාමියා ව සිටි උදයභද්ද රජු. මං දැන් තව්තිසාවේ සක්දෙවිඳු ව ඉපිද ඉන්නවා. මං මෙහි ආවේ තී හා කම්සුව විඳින කිලිටි අදහසින් නොවේ. තිගේ උතුම් ගුණවත්කම ලොවට පෙන්වා දෙන්ටයි. අපි මනුලොව සිටියදී කවුරු නමුත් පළමුව මියයන කෙනා ඇවිත් තමා

උපන් තැන කියනවා ය කියා එකිනෙකා පොරොන්දු වුණා නොවැ. අන්න ඒ පොරොන්දුව ඉටු කිරීමට යි මං ආවේ. තොප හා ඇතිකරගත් පොරොන්දුවෙන් දැන් මං නිදහස්."

එසැණින් ම රාජදේවියට වාඩිවී සිටි අසුනෙන් නැගිට්ටුණා. "අනේ ස්වාමීනී, නුඹවහන්සේ මගේ ඒ උදාර ස්වාමි රත්නය වූ උදයභද්ද මහරජු ද?" කියා කඳුළු දහරා වගුරුවමින් හඬන්ට පටන් ගත්තා. "අනේ මට නුඹවහන්සේ නැතිව මෙහි ඉන්ට පුළුවන්කමෙක් නෑ. නුඹවහන්සේ ඉන්නා තැනට මටත් එන්ට කළයුතු යම් ප්‍රතිපදාවක් තියේ නම් අනේ එය මට කියා දෙන්ට." කියා හඬ හඬා මේ ගාථාව පැවසුවා.

17. ඉදින් මගේ උදයභද්ද දෙව්රජුනේ
පොරොන්දුවක් ඉටු කරන්ට මෙහි ආවේ නම් ඔබ
නැවතත් අපි දෙව්ලොව හමුවන ලෙසින්
යම් පිළිවෙතක යෙදෙන්ට - මා හට නිසි ඔවදන් දෙන්ට

එවිට සක් දෙවිඳු ඇයට අවවාද වශයෙන් මේ ගාථා හතරෙන් උපදෙස් දුන්නා.

18. මේ දිවිය ඉතා වේගයෙන් - ගෙවෙමින් යනවා
උපන් සතුන්ගේ ආයුෂ - ඉක්මනින් ම අවසන් වෙනවා
සියලු සතුන් හට ලොවේ - නොමැරී ඉන්ට තැනක් නෑ
නිසි කල ආ විට ඒ හැම - සිටින තැනින් චුත වී යනවා
ඔබෙ රන්වන් සිරුර පවා - දිරලා වැනසී යනවා
එනිසා උදයභද්දා දේවී - පමා නොවී දහමේ හැසිරෙන්ට

19. මේ මහ පොළොව ම පුරවා - හැම ධනය ලබාදුන්නත්
තනි රජෙක්ට ඒ හැම දේ - නැමයි සෑහෙන්නේ

පරලොව යන්ට කාලෙ ආ විට
ඒ හැම දෙයක් ම අත්හැර
නොපිරුණු ආශාවෙන් ම යි - ඔහු මිය යන්නේ
එනිසා උදයභද්දා දේවී - පමා නොවී දහමේ
හැසිරෙන්ට

20. තමාගෙ මාපිය සොහොයුරු - සැමියා හා බිරිඳ පුතුන්
වෙහෙසී ඉපයූ ධනයෙන් - රැස්කරගත් හැම දෙයක් ම
කවුරුන් අකැමති වුණත්
අත්හැර යන්නට සිදුවන්නේ
එනිසා උදයභද්දා දේවී - පමා නොවී දහමේ
හැසිරෙන්ට

21. මියගිය කෙනාගෙ සිරුර - අන් සතුන්ට අහරක් වන්නේ
මේ සසරේ සමහරු මිනිසුන් වෙනවා
තව අය සතුන් ව උපදිනවා
සුගති දුගතියේ හැසිරෙන - සංසාරේ දුක දැක
එනිසා උදයභද්දා දේවී - පමා නොවී දහමේ හැසිරෙන්ට

මේ අවවාදවලින් උදයභද්දා දේවී ඉතාම සතුටට පත්වුණා. දහම් කථාවෙන් පැහැදුණු සිතින් යුතු ඇය ස්තුති කරමින් මේ ගාථාව පැවසුවා.

22. පින්වත් දෙව්රජුනේ ඔබ
දැන් කීවේ ඉතාම යහපත් දෙයක්
උපන්න මිනිසුන්ගෙ දිවිය
පවතින්නේ ඉතාම සුළු කාලයයි
ආශ්වාද රහිත දිවිය දුකසේ ගෙවමින්
හනිකට නිමා කරන්නේ
මාත් කසීරට සුරුන්ධන පුරය
අත්හැර පැවිදි වෙන්ට යනවා

සක් දෙවිඳු මෙසේ ඇයට ඔවදන් දී දෙව්පුරයට ගියා. දේවිය පසුදා ම ඇමතියන්ට රාජ්‍යය පවරා දුන්නා. ඇතුළු නුවර රමණීය උයනක සෑෂි පැවිද්දෙන් පැවිදි ව ධර්මයේ හැසිරුණා. ආයුෂ ගෙවී මරණින් මතු තව්තිසාවේ සක් දෙව් රජුගේ මෙහෙසී දෙවඟන වී උපන්නා.

මෙය වදාළ භාග්‍යවතුන් වහන්සේ චතුරාර්ය සත්‍ය ධර්මය වදාළා. ධර්ම දේශනාව අවසානයේ සිවුරු හැර යන්ට සිතා සිටි භික්ෂුව සෝවාන් ඵලයට පත්වුණා. "මහණෙනි, එදා සිල්වත් ව බඹසර රැකි රාජදේවී ව සිටියේ අපගේ රාහුලමාතාවෝ. සත්සිය වසක් පුරා එක ම සිරියහනේ කෙලෙස් නොවසඟ වූ සිතින් බඹසර රැකි උදයභද්ද රජ ව සිටියේ මම" ය කියා භාග්‍යවතුන් වහන්සේ මේ ජාතකය නිමවා වදාළා.

05. පානීය ජාතකය

පැන් පිරවූ ලබුකැටය ගැන කතාව

පින්වතුනේ, පින්වත් දරුවනේ,

මේ කතාවෙන් කියවෙන්නේ නුවණැත්තන් විසින් තමා අතින් සිදුවූ කුඩා වරද පවා දැක කලකිරී, සියලු වරදින් නිදහස් වෙන්ට එය උපකාර කරගත් අයුරුයි.

ඒ කාලයේ අපගේ භාග්‍යවතුන් වහන්සේ වැඩවාසය කොට වදාළේ සැවැත් නුවර ජේතවනයේ. එකල සැවැත් නුවර ම වාසය කළ පන්සියයක තරුණ යහළුවන් පිරිසක් භාග්‍යවතුන් වහන්සේගෙන් බණ අසන්ට පැමිණ පැහැදුණා. ඒ පන්සිය දෙනා ම ගිහි දිවිය අත්හැර ඉතාමත් ම ශ්‍රද්ධාවෙන් බුදුසසුනෙහි පැවිදි වුණා. උපසම්පදාවත් ලබාගත්තා. දිනක් ඒ නවක භික්ෂු පිරිස දෙව්රම කෙළවර පිහිටි ශාලාවෙහි වාසය කරද්දී මැදියම් රැයෙහි රාගාදී සිතිවිලි සිතමින් උන්නා. භාග්‍යවතුන් වහන්සේ එසැණින් ම ඒ භික්ෂූන්ගේ සිත් රාගාදී සිතිවිලිවලින් කිලිටි වී යන වග දැන අපගේ ආනඳ මහතෙරුන් අමතා ඒ භික්ෂූන්ව මැදියම් රැයෙහි ම දම්සභා මණ්ඩපයට කැඳවා ගත්තා.

"මහණෙනි, තොපි ස්ථිරව ම තෝරාගත් කෙනෙකු අරමුණු නොකොට වුණත් තමා තුළ උපන් රාගාදී සිතිවිලි

සිත සිතා සිටියා නොවේ දැයි නොඅසා 'මහණෙනි, කොයියම් ම අයුරකින් හෝ කාම විතර්ක කල්පනා කරන්ට ගියොත් එය එක් සිතිවිල්ලක් වුණත් සුළුවෙන් තකන්ට බෑ. කෙලෙස්වල පොඩි දෙයක් කියා දෙයක් නෑ. භික්ෂුවක් කළයුත්තේ උපනුපන් කවර වූ කෙලෙසුන් නමුත් නිග්‍රහ කොට බැහැර කිරීම යි. බලන්ට මහණෙනි, ඉස්සර සිටිය නුවණැත්තෝ බුදුකෙනෙකුන් නූපන් කාලයේ පවා තමා තුළ උපන් කෙලෙසුන්ට ගරහා කුසල් උපදවා පසේබුදු බවට පත්වුණා නොවැ" කියා මේ අතීත කතාව ගෙනහැර දක්වා වදාළා.

ගොඩාක් ඈත අතීතයේ බරණැස් පුරේ බ්‍රහ්මදත්ත නම් රජෙක් රාජ්‍ය විචාරමින් සිටියා. ඔය කාලයේ කසී රටේ එක්තරා ගමක ගොවිතැන් කරන යහළුවන් දෙදෙනෙක් වාසය කළා. ඔවුන් කුඹුරට යද්දී තම තමන්ට දිය පිරවූ ලබුකැට දෙකකුත් රැගෙන යනවා. කුඹුරු කොටන අතරේ පිපාසයක් ආවොත් ඒ ලබුකැටෙන් දිය බොනවා. දිනක් ඔවුන්ගෙන් කෙනෙක් පිපාසයට දිය බොන්ට ලබුකැටය ළඟට ආවා. යහළුවාගේ ලබුකැටය දැක්කා. එතකොට තමන්ගේ ලබුකැටයේ දිය රකිමින් යාළුවාගේ ලබුකැටයෙන් පැන් බීවා. නමුත් යාළුවා ඒ වග දන්නේ නෑ.

කුඹුරු වැඩ නිමාවී සවස් වරුවේ වතුර නා සිටගෙන සිටි ඔහු 'අද මගේ සිත කය වචනයෙන් වැරදි මොකවත් වුණා ද?' කියා ආවර්ජනා කරද්දී යාළුවාගේ ලබුකැටයෙන් හොරට දිය බිව් බව මතක් වුණා. එතකොට ඒ ගැන මහා සංවේගයක් හටගත්තා. 'ෂකේ... මයෙ අතින් බරපතල වැරැද්දක් නොවැ වුණේ. මං ලබුකැටේ වතුර ටිකක්

හොරෙන් බීව එක හොඳ නෑ. මේ ළාමක තණ්හාව ඒ විදිහට දිගින් දිගට වැඩි වී මාව අපායට ම ඇදගෙන යාවි' කියා නුවණින් විමසමින් අනිත්‍ය දුක්ඛ අනාත්ම වශයෙන් විදර්ශනා කරන්ට පටන් ගත්තා. වැඩි වේලාවක් ගියේ නෑ. සියලු කෙලෙසුන් නසා පසේබුදු බවට පත්ව තමා ලත් අවබෝධය නුවණින් විමසමින් සිටියා.

අනිත් යාළුවා නාගෙන ගොඩට ඇවිත් 'මිත්‍රයා, එහෙනම් අපි ගෙදර යමු නේද?' කියා ඇසුවා. "මිතුර, ඔබ යන්ට. මට දැන් ගෙදරකින් ප්‍රයෝජනයක් නෑ. අපි දැන් පසේබුදුවරයන්ටයි අයිති."

"පසේබුදුවරුන් ඔබ වැනි අය ද?"

"නැත්නම් පසේබුදුවරු කෙබඳු ද?"

"පසේබුදුවරුන් කෙස් රැවුල් බා කසාවත් හැඳ උතුරු හිමාලයේ නන්දමූලක පර්වත බෑවුමේ වාසය කරනවා කියලයි මං අසා තියෙන්නේ."

එතකොට ඔහු තමන්ගේ හිස පිරිමැද්දා. එසැණින් ම ගිහි ස්වරූපය නොපෙනී ගියා. පාත්‍රා සිවුරු ඇති, සංසිඳී ගිය ඉඳුරන් ඇති ශ්‍රමණ රුවක් පෙනී ගියා. ඉතින් ඒ පසේබුදුන් යාළුවාට දහම් දෙසා අහසට පැන නැගී නන්දමූලක පර්වත බෑවුමට වැඩියා.

අනිත් මිතුරා කාශී ගමේ ම විවාහක තැනැත්තෙක්. ඔහු වෙළඳ සැලේ පිලෙහි වාඩි වී සිටියදී එක්තරා පුරුෂයෙක් සිය රුවැති බිරිඳ හා ගමනක් යනවා දැක්කා. තමන්ගේ සිතෙහි අසංවර සිතිවිලි උපදවා ගනිමින් ඒ ස්ත්‍රිය දෙස බැලුවා. එතකොට ම ඔහුට සිහිය උපන්නා.

'අයියෝ... මං මොනාද මේ අකුසල් සිතිවිලි සිතන්නේ. මෙවැනි ලෝභ සහගත දේ ගැන සිතන්ට ගියොත් මට නතර වෙන්ට වෙන්නේ අපායේ' කියා සිතේ හටගත් ලාමක අකුසල් ගැන ගොඩාක් කලකිරුණා. ඒ නිසා ම අනිත්‍ය දුක්ඛ අනාත්ම වශයෙන් මෙනෙහි කරන්ට පටන් ගත්තා. සුළු මොහොතයි ගියේ. ඔහුත් සියලු කෙලෙසුන් නසා පසේබුද්ධත්වයට පත්වුණා.

ඒ වගේ ම තවත් සිදුවීමක් වුණා. ඒ කාශී ගමේ ම වාසය කළ තාත්තෙකුයි පුතෙකුයි ගමනක් යන්ට පිටත් වුණා. ඔය පළාතේ වනාන්තරය මැදින් යන මාවතේ මං පහරන හොරු ඉන්නවා. ඔවුන්ට පිය පුතු දෙදෙනා එකට හමුවුණොත් 'ගමට ගොහින් මුදල් ඇන්න වර. ඇවිත් පුතාව බේරාගනිං' කියා පුතාව තියාගන්නවා. තාත්තාට යන්ට දෙනවා. සහෝදරයන් දෙදෙනෙක් හමුවුණොත් බාලයා රඳවාගෙන වැඩිමලාට යන්ට දෙනවා. ගුරු ශිෂ්‍ය දෙදෙනෙක් හමුවුණොත් ගුරුවරයා රඳවාගෙන ශිෂ්‍යයාට යන්ට දෙනවා. එතකොට ශිෂ්‍යයා ගමට ගොහින් මුදල් සොයා ගෙනැවිත් දී ගුරුවරයාව බේරාගත යුතුයි.

එදා තාත්තාටයි පුතාටයි තේරුණා තමන් හොරුන්ට අසුවෙන්ට ඉඩ තියෙන වග. පුතා තාත්තාට මෙහෙම කීවා. "තාත්තා... ඔයා මගේ තාත්තා කියා සොරුන්ට කියන්ට එපා. මාත් කියන්නම් මං පුතා නොවේය කියා."

එහෙම කතිකා කරගෙන යන අතරේ වනාන්තරයේදී සොරුන්ට හසුවුණා. "තොපි ඔය කවුරු කවුරු ද?"

"අනේ අපි කාගෙ කවුරුවත් නොවේ. මගදී ගමනට එකතු වුණා. තනි තනිව ම යන අය" යි බොරු කියා

සොරුන්ට විශ්වාසය ඇතිකර දෙන්ට පුතා සමත් වුණා. ඒ නිසා ම දෙන්නාට නිදහසේ යාගන්ට ලැබුණා. යාන්තම් බේරිලා වනයෙන් එළියට ආවා. සවස වතුර නා සිටි පුතා අද මාගේ සිත කය වචනයෙන් කිසියම් වරදක් වුණා ද කියා සීලය විමසා බලද්දී තමා සොරුන්ට බොරු කියා බේරී ආ හැටි මතක් වුණා. 'හප්පේ... මං මහා බොරුවක් කීවා නොවැ. මේ විදිහට පව් එකතු වෙන්ට ගියොත් ඊළඟ ආත්මේ නිරා දුකට ම යි වැටෙන්ට වෙන්නේ. දැන් ම මේ කිලුට සිතෙන් ඉවත් කරන්ට ඕනෑ' කියා අනිත්‍ය දුක්ඛ අනාත්ම වශයෙන් විදර්ශනා කරන්ට පටන් ගත්තා. ඔහුත් සියලු කෙලෙසුන් නසා පසේබුදුවරයෙක් බවට පත්වුණා. පියාට දහම් දෙසා නන්දමූලක පර්වත බෑවුමට වැඩියා.

ඒ කාශි රටේ ම තව ගම්මුලාදෑනියෙකුත් සිටියා. ඔහු ප්‍රාණඝාතයෙන් වළකින්ට කරුණු කියනවා. දවසක් බිලිපූජා දෙන කාලයක් ආවා. මිනිසුන් ඔහු වෙත ඇවිත් 'අනේ ස්වාමී, මේ කාලේ නොවැ අපි බිලිපූජා දෙන්නේ. යක්ෂ දේවතාවුන් සතුටු කරන්ට ළඟරන් මුවන් මරා බිලිදෙන්ට අපට අවසර ලැබෙන්ට ඕනෑ.' කියා කීවා.

එතකොට ගම්පතියා වැඩිදුර නොසිතා 'ඔහේලා එහෙනම් පූරුවෙ චාරිත්‍ර අනුව කරන දෙයක් කරන්ට' කියා කීවා. ඒ වචනයෙන් අවසර ලත් මිනිස්සු බොහෝ සතුන් මරා බිලිපූජා කළා. ගම්පතියාට මරණයට පත්වූ බොහෝ සතුන්ගේ සිරුරු දකින්ට ලැබුණා. 'අයියෝ... මගේ මුවින් පිටවූ එක වචනයක් නිසා නේද මෙතරම් සතුන් මැරුම් කෑවේ' කියා ගොඩාක් කම්පා වුණා. ඒ ගැන පසුතැවිලි වුණා. 'මෙවැනි අකුසල් මා අතින් නැවත

නොවීමට වග බලාගත යුතුය' කියා දිගටම ත්‍රිලක්ෂණ විදර්ශනාව මනසිකාර කරන්ට පටන් ගත්තා. නුවණ වැඩීගොස් පසේබුදුවරයෙක් බවට පත්වුණා. අහසේ සිට දහම් දෙසා නන්දමූලක පර්වත බෑවුමට වැඩම කළා.

ඒ කාශි රටේ ම තවත් ගම්පතියෙක් සිටියා. ඔහු මත්වතුර විකිණීම තහනම් කොට තිබුණේ. එක්තරා උත්සව කාලයක මිනිස්සු ඔහු කරා ගොස් "ස්වාමී, ඉස්සර නම් මේ උත්සවයේදී මිනිස්සු හිතේ හැටියට සුරා බොනවා. ඒ නිසා ම යි මේ සැණකෙළියට සුරා සැණකෙළිය කියා කියන්නේ. අපි දැන් මොකක්ද කරන්ට ඕනෑ?"

"ඔහේලා ඉතින් පුරාණ සිරිත් අනුව නොවැ සුරා සැණකෙළිය පැවැත්තුවෙ. කැමති නම් ඒ විදිහට කරගත්තාට කමෙක් නෑ."

එතකොට මිනිස්සු හිතුමනාපෙ සුරා වික්කා. සුරා බීවා. සුරාමතින් කලකෝලාහල කරගත්තා. හිස අත්පා ආදිය කපා කොටා ගත්තා. බොහෝ අසමගිකම් ඇතිවුණා. දඬුවම්වලටත් බඳුන් වුණා. 'ඔවුන් මේ සියලු කරදරවලට පත්වුණේ මං සුරා බොන්ට අවසර දුන් නිසා නොවේ ද? ඉදින් මං එදා සුරා බොන්ට අවසර නොදුන්නා නම් මිනිසුන්ට මෙවැනි විපත් වෙන්නේ නෑ නොවැ' කියා ගම්පතියා බොහෝ සේ කනගාටු වුණා. 'මෙවැනි දුර්වලතා මා අතින් යළි කිසිදා නොවිය යුතුයි' කියා ඒ ගැන ම කලකිරීමෙන් යුතුව නුවණින් මෙනෙහි කරන්ට පටන් ගත්තා. සියලු කෙලෙසුන් නසා පසේබුදුවරයෙක් බවට පත්වුණා. අහසේ සිට මිනිසුන්ට දහම් දෙසා නන්දමූලක පර්වත බෑවුමට වැඩියා.

පසු කාලයක ඒ පසේබුදුවරු පස්දෙනා වහන්සේ බරණැස ඉසිපතනයට අහසින් වැඩියා. සංසුන් ඉඳුරන් ඇතිව ගෙපිළිවෙළින් පිඬුසිඟා වඩින අතරේ රජමැඳුරේ දොරටුව වෙතත් වැඩියා. උඩුමහල් සඳළුතලයේ සිටි රජතුමා ශ්‍රමණවරුන්ගේ ශාන්ත ඉඳුරන් දැක පැහැදී රජගෙදරට වැඩමවා ගත්තා. ප්‍රණීත දන්පැන් පූජා කරගත්තා. තමාත් කුඩා අසුනක වාඩිවී මෙය ඇසුවා.

"ස්වාමීනී, තමුන්නාන්සේලා යොවුන් වියේදී ම පැවිදි වූ අය බව පේනවා. තමන් තුළ ඇති කුමන දෝෂයක් දැකීම නිසා ද පැවිදි වෙන්ට සිතුණේ?"

එතකොට ඒ පසේබුදුවරයන් වහන්සේලා පිළිවෙළින් මේ ගාථාවන්ගෙන් තම තමන් පැවිදි වෙන්ට මුල් වූ අරමුණු ගැන පැහැදිලි කළා.

1. මිතුරෙක් ලෙස සිටිමින් මම
 මිතුරෙකුගේ පැන් බඳුනෙන්
 රහසේ පැන් බීව නිසා - මට මං ගැන කලකිරුණා
 පවක් නේද මගෙන් සිදුවුණේ
 යළි මෙවන් දෙයක් වෙන්ට එපා කියා
 නුවණින් විමසීම නිසයි - මං පැවිදි බවට පත්වුණේ

2. වෙනත් සැමියෙකුගේ ළඳක්
 දැක ඈ ගැන රාග සිතයි ඇතිවුණේ
 ඒ නිසා ම මට මං ගැන - පිළිකුල හටගත්තා
 පවක් නේද මගෙන් සිදුවුණේ
 යළි මෙවන් දෙයක් වෙන්ට එපා කියා
 නුවණින් විමසීම නිසයි - මං පැවිදි බවට පත්වුණේ

3. පියා සමග මං මහවනයේ - මාවතේ යමින් සිටියදී
 අපි සොරුන් අතට පත්වුණා

මොහු තොපගේ කවුද කියා අසද්දී
මං මෙයාව හඳුනන්නේ නැත කියා
දැන දැන මහ බොරුවක් කීවා
මට කලකිරීම ඇතිවුණේ - මං බොරු කී කරුණටයි
පවක් නේද මගෙන් සිදුවුණේ
යළි මෙවන් දෙයක් වෙන්ට එපා කියා
නුවණින් විමසීම නිසයි - මං පැවිදි බවට පත්වුණේ

4. යකුන්ට බිලිපූජා දෙන්ට
සතුන් මරණ සිරිතක් මේ රටේ තියෙනවා
ගම්මු මගෙන් අවසර ඉල්ලූ විට
ඒ සිරිතට අවසර දුන්නා
බොහෝ සතුන් යාගෙට බිලිවීම නිසා - මං කලකිරුණා
පවක් නේද මගෙන් සිදුවුණේ
යළි මෙවන් දෙයක් වෙන්ට එපා කියා
නුවණින් විමසීම නිසයි - මං පැවිදි බවට පත්වුණේ

5. පෙර පටන් ම කාසි රටේ
සුරාව බොන සැණකෙළියක් තියෙනවා
සුරා බොන්ට වීම නිසා
මිනිසුන් හට බොහෝ විපත් සිදුවුණා
ගම්මු ඇවිත් අවසර ඉල්ලූ නිසා
මාත් එයට අවසර දුන්නා
ඔවුන් සුරා මතින් රණ්ඩු වෙලා - අත්පා සිඳගත්තා
සුරා බොන්ට අවසර දුන් නිසා - මං කලකිරුණා
පවක් නේද මගෙන් සිදුවුණේ
යළි මෙවන් දෙයක් වෙන්ට එපා කියා
නුවණින් විමසීම නිසයි - මං පැවිදි බවට පත්වුණේ

ඒ පසේබුදුවරයන්ගේ ජීවිත අත්දැකීම් ඇසූ රජතුමා උන්වහන්සේලා කෙරෙහි වඩාත් පැහැදුණා. සිවුරු,

බෙහෙත් ආදී දේ පූජා කරගත්තා. පුණ්‍යානුමෝදනා කළ පසේබුදුවරු අහසින් ම නන්දමූලක පර්වතයට වැඩම කළා. එදා පටන් රජතුමාත් වෙනස් වුණා. කම්සුව විඳීමේ ආසාව අඩු වී ගියා. අන්තඃපුර ස්ත්‍රීන් දෙස ඇස් ඇර බැලුවේ නෑ. ඔහු නිතර ම සිරියහන් ගැබට වී සුදු පැහැගත් බිත්තිය දෙස බලා සිටිනවා. එනිසා ම සුදුපාට කසිණ අරමුණක් තමන් නොදැනී ම සිතේ පිහිටියා. ඒ සුදුපැහැ අරමුණට සිත පිහිටුවාගෙන කසිණ භාවනා දියුණු කොට ධ්‍යාන උපදවා ගන්ටත් ඔහු සමත් වුණා. ඊට පස්සේ කාමයන්ට ගරහමින් මේ ගාථාව පැවසුවා.

6. **බොහෝ දුගඳ හමනා මේ කාමයන්**
ජීවිතයට හමුවන සතුරු අය වගේ
මේ සියලු කාමයන්ට නින්දා වේවා
කම්සැපයට හඹා ගියපු කාලේ
නෑ ම යි මගෙ සිතට නම් - මෙබඳු සැපක් ආවේ

කම්සැපයට ලොල් නැති රජ්ජුරුවන්ගේ වෙනස අගමෙහෙසියට තේරුණා. 'පසේබුදුවරයන්ගෙන් බණ ඇසුවාට පස්සේ තමයි රජතුමා වෙනස් වුණේ. අප කා සමගවත් කතා කරන්නෙත් නෑ. මං සිරියහනට ගොහින් රජ්ජුරුවන්ව කම්සුවයට පොළඹවාගන්ට ඕනෑ' යි සිතා සිරියහන් ගැබට යන දොරකඩ සිටියදී රජ්ජුරුවෝ කම්සුවට ගරහන උදානය ඇසුණා. "දේවයන් වහන්ස, මට ඇසුණා ඔබ කාමසැපයට ගරහනවා. ඇයි එහෙම කියන්නේ? කම්සුවයට වඩා වෙනත් උතුම් සුවයක් තියේ ද?" යි කාමයන් වර්ණනා කරමින් මේ ගාථාව පැවසුවා.

7. **නිරිඳාණෙනි මේ කම්සුව - අමුතු ම සැපක් සදනවා**
ආශ්වාදය ම ලැබදෙනවා

මෙයට උතුම් වෙන සැපතක් කොහි ද තියෙන්නේ
කම්සුව හොඳින් විඳින අය - උපදිනවානෙ දෙව්ලොව

"නෑ දේවිය, ඔබට ලොකු වැරදීමක්. ඔබ ඔය කතා කරන්නේ මහා මුළාවකින්. කාමයන්ගේ සැබෑ තතු ඔබ දන්නේ නෑ. කාමයන් වෙනස් වීම නිසා කම්සුවට ඇළුණු අය මහා දුකට පත්වෙනවා. කම්සුවය පසුපස හඹායන අය නවතින්නේ දුක තුළයි" කියා කාමයන්ට ගරහමින් මේ ගාථාවන් පැවසුවා.

8. මේ කාමය තුළ තිබෙනා - ආශ්වාද අල්පයි
බොහො කරදර ඇතිවෙයි
කාමයන්ට වඩා වෙනත් දුකක් ලොව නැතේ
කම්සුව හොඳින් විඳින අය - උපදින්නෙ නරකයේ

9. මුවහත ඇති තියුණු කඩුව වගෙයි
ඉතා දරුණු පානයක් වගෙයි
ළයෙහි කිඳාබැසගත් සැතක් වගෙයි
කාමයන් නම් ඊටත් වඩා දුකයි

10. දිලිහී තිබෙනා ගිනි අඟුරු වගෙයි
පොළොවේ සැරූ ගැඹුරු වළක් වගෙයි
අව්වට රත් වූ නගුල් තලය වගෙයි
කාමයන් නම් ඊටත් වඩා දුකයි

11. බිහිසුණු හලාහල විෂක් වගෙයි
ගින්නේ රත් වූ තෙලක් වගෙයි
උණුකළ තඹලෝහයක් වගෙයි
කාමයන් නම් ඊටත් වඩා දුකයි

රජතුමා මේ විදිහට කාමයේ දොස් දක්වා ඇමතිවරු කැඳවා ඔවුන්ට රාජ්‍යය පවරා දුන්නා. මහජනයා හඬද්දී

'මට පැවිදි වෙන්ට ඕනෑ' කියා සියලු දේ අත්හැර අහසේ සිට දහම් දෙසා හිමාලයට ගියා. රමණීය පෙදෙසක අසපුවක් කරවා ඍෂි පැවිද්දෙන් පැවිදි ව මරණින් මතු බඹලොව උපන්නා.

භාග්‍යවතුන් වහන්සේ මේ ජාතකය වදාරා "මහණෙනි, කෙලෙස්වලට ටිකක් කියා නෑ. භයානකයි. එනිසා අල්පමාත්‍ර කෙලෙසුන්ට පවා නුවණැතියන් ගරහනවා" යි පවසා චතුරාර්ය සත්‍ය ධර්මය වදාළා. ඒ ධර්ම දේශනාව අවසානයේ පන්සීයක් භික්ෂූන් ම උතුම් රහත් ඵලයෙහි පිහිටියා. "මහණෙනි, ඒ පසේබුදුවරු පිරිනිවන් පෑවා. ඒ කාලයේ අගමෙහෙසිය ව සිටියේ රාහුලමාතාවෝ. රජු ව සිටියේ මම ය" කියා මේ ජාතකය නිමවා වදාළා.

06. යුද්ධඤ්ජය ජාතකය

යුද්ධඤ්ජය බෝසත් කුමරුගේ කතාව

පින්වතුනේ, පින්වත් දරුවනේ,

මේ කථාවෙන් කියවෙන්නේ අප භාග්‍යවතුන් වහන්සේ පෙර ආත්මයෙත් සියලු සැප අත්හැර අභිනිෂ්ක්‍රමණය කිරීම ගැනයි.

ඒ දිනවල අපගේ භාග්‍යවතුන් වහන්සේ වැඩවාසය කොට වදාළේ සැවැත් නුවර ජේතවනයේ. එදා භික්ෂූන් වහන්සේලා දම්සභා මණ්ඩපයට රැස්ව භාග්‍යවතුන් වහන්සේගේ අසිරිමත් මහබිනික්මන ගැන කතා කරමින් සිටියා. "බලන්ට ඇවැත්නි, අපගේ දසබලයන් වහන්සේ ගිහිගෙදර සිටියදී සකල පෘථිවියට අධිපති ව මහා චක්‍රවර්ති රාජයෙක් ව සප්ත රත්නයෙන් යුක්ත ව, සිව් ඉර්ධියෙන් යුක්ත ව, ආනුභාව සම්පන්න දහසකට වැඩි පුත්‍රයන් පිරිවරා මහා රාජානුභාවයෙන් බබළමින් සිටින්ට තිබුණා. නමුත් ඒ සැපය කෙළපිඬක් සේ ඉවත ලා ඡන්න සමග කන්ථක අසුපිට නැගී මහා රෑ අබිනික්මන් කළා නොවැ. ඒ විතරක් ද! විමුක්තිය සොයමින් සය වසරක් ම කයට දුක් දෙමින් මහා දුකක් වින්දා නොවැ. අවසානයේ සියල්ල ජය ගෙන ශ්‍රී සම්බුද්ධත්වයටත් පත්වුණා නොවැ.

ඒ අවස්ථාවේ භාග්‍යවතුන් වහන්සේ එතැනට වැඩමවා වදාළා. භික්ෂූන් වහන්සේලා තමන් කතා කරමින් සිටි කරුණ භාග්‍යවතුන් වහන්සේට සැලකළා. භාග්‍යවතුන් වහන්සේ මෙය වදාළා.

"මහණෙනි, තථාගතයන් මහබිනික්මන් කළේ මේ ආත්මයේ විතරක් නොවේ. පෙර එක්තරා ආත්මයක දොළොස් යොදුන් විශාල බරණැස් නගරයේ සැපවත් රාජ්‍යය අත්හැර දමා අබිනික්මන් කළා" කියා මේ අතීත කතාව ගෙනහැර දක්වා වදාළා.

"මහණෙනි, ගොඩක් ඈත අතීතයේ රම්‍ය නගරයේ සබ්බදත්ත නම් රජෙක් වාසය කළා. ඒ කාලයේ රම්‍ය නගරය කීවේ දැන් බරණැස් නගරයට යි. තවත් කාලයක එයට සුරන්ධන නගරය කියාත් කීවා. ඒ වගේම තවත් කාලයක බරණැසට පුෂ්පවතී නගරය කියාත් කීවා. ඉතින් ඒ සබ්බදත්ත රජ්ජුරුවන්ට පුත්‍රයන් දහසක් සිටියා. ජ්‍යෙෂ්ඨ පුත්‍රයාගේ නම යුද්ධඤ්ජය. රජ්ජුරුවෝ ඔහුට යුවරාජ පදවිය පිරිනැමුවා. යුද්ධඤ්ජය යුවරජ දිනපතා මහා දන් දෙනවා.

සෑහෙන කලක් ගත වුණා. දිනක් උදය කාලයේ යුද්ධඤ්ජය යුවරජ රථයේ නැග මහත් පිරිවර ඇතිව උයන් කෙළියට යමින් සිටියා. මග දෙපස තිබූ ගස්වලත් තණකොළ අගත් ඒ වගේ ම මකුළුදැල්වලත් සීතලට මිදීගිය පිණිබිඳු එල්ලෙමින් තිබුණා. නැගී එන හිරු රැසින් ඒවා දිලිසුණේ මුතුකැට වගේ. එතකොට රජ්ජුරුවෝ "මිතුරනි, මේ බලන්ට. මුතුකැට වගේ මේ ලාස්සනට දිලිසෙන හැටි. මේවා මොනවාද?"

"දේවයන් වහන්ස, ඕවා පිණිබිඳු. ඔය සීතලට මිදිලා තියෙන්නේ. හිරු එළියට දිලිසෙන්නෙත් ඒ නිසයි. නමුත් දේවයන් වහන්ස, දහවල් වෙද්දී රස්නෙට ඒ ඔක්කොම දියවෙලා පොළොවට වැටෙනවා."

එය ඇසූ රජතුමා සිතන්ට පටන් ගත්තා. 'ඕහ්... උපන් සත්වයාගේ ජීවිතයත් හරියට ම මේ තණ අග දිලිසෙන පිණිබිඳු වගේ නොවැ. ලෙඩ දුක්වලින් ද වයසට යෑමෙන් ද මැරෙන්නේ තව ටික වේලාවකින් දිය වී නොපෙනී යන පිණිබිඳු වගේ. මාත් දෙමාපියන්ගෙන් අසා පැවිදි වෙන්ට ඕනෑ' කියා තණ අග දිය වී වැටෙන්ට නියමිත ව ඇති පිණිබිඳු ගැන ම සිත සිතා සිටිද්දී සසර ගැන මහා භයක් හටගත්තා. කෙලින් ම රජමාලිගාවට ගොස් විනිශ්චය ශාලාවේ අසුන් ගෙන සිටි පියරජ සමීපයට ඇවිත් වැඳ එකත්පස්ව සිට පැවිද්දට අවසර ඉල්ලා මේ ගාථාව පැවසුවා.

1. **මැති ඇමතිවරු පිරිවරාගත් - මහරජුනේ මම් ඔබ වඳිමි**
මං පැවිදි වෙන්ට යන්නෙමි - එයට අවසර දුන මැනව

එතකොට රජතුමා පුතුගේ පැවිද්ද වළකමින් මේ ගාථාව පැවසුවා.

2. **කිම ද පුත මේ කියන්නේ - ඉදින් කම්සුව අඩු නම්**
මං දැන් ම සපුරාලන්නෙමි - යමෙක් ඔබහට පුත
යම් අකටයුත්තක් කළේ නම් - එය වහා වළකමි
ගිහි දිවිය අත්හැර - නොයව පුත පැවිද්දට

පියරජුගේ ගාථාවට පිළිතුරු වශයෙන් යුවරාජ පුත්‍රයා මේ ගාථාව පැවසුවා.

3. පියරජුනි මා හට කිසි - කම්සුවෙන් අඩුවක් නැත
කිසිවෙක් අකටයුත්තක් - මට කළ වගක් නොදනිමි
ජරාවෙන් සිඳි බිඳිය නොහැකි - නිවන් රැකවල් සොයා
මා දිවියෙ ඉතිරි කාලය - පැවිදි වී ගෙවමි මම

යුද්ධඤ්ජය කුමාරයා නැවත නැවතත් පියරජුගෙන් ඉල්ලුවා. නමුත් රජ්ජුරුවෝ අවසර දෙන්නෙ ම නෑ.

4. පුතා පියරජුගෙන් - පැවිදි වෙන්ට අවසර
යළි යළිත් ඉල්ලන විට - පියරජු පුත් කුමරුගෙන්
පැවිදි වෙන්ට එපා කියමින් - ගිහි ව සිටිනා ලෙස යදියි
දරුව මේ රම්‍ය නුවර වැසියෝත් - තොපෙන් යදින්නේ
පැවිදි වෙන්ට නොයන ලෙසයි

5. අනේ පියරජුනේ - පැවිදි වෙන්ට යන මග
වළක්වන්නට නම් එපා
ජරා මරණෙට ගොදුරු වන - මේ කාමසැපයේ නම්
මා ගැලෙන්නට එපා

එතකොට රජ්ජුරුවෝ කිසිවක් කියාගත නොහැකි ව නිහඬ වුණා. මව්දේවියටත් සේවකයෝ ගිහින් මෙය කීවා. "දේවීන් වහන්ස, අන්න මහරජතුමා පුත්කුමරාගේ පැවිද්දට අවසර දෙන්ට යනවා."

එය ඇසූ ඈ "කුමක්ද මේ තොප කියන්නේ?" කියා සැනසීමක් නැති මුහුණින් යුතුව රන්සිවිගෙයි හිඳ වේගයෙන් විනිශ්චය ශාලාව වෙත ගියා. ගිහින් පුතුට ගිහිගෙයි රඳින්ට කියා ආයාචනා කරමින් මේ ගාථාව පැවසුවා.

6. අනේ මගේ ප්‍රිය පුතුනේ - අම්මයි මෙය ඉල්ලන්නේ
මං ඔයාට පැවිදි වෙන්ට - අවසර දෙන්නේ නෑ

යුද්ධඤ්ජය මගෙ පුතුනේ - හැමදා ඔබ දකින්ට ඕනෑ
එනිසා පුත අප අත්හැර - පැවිදි වෙන්ට නම් එපා

එය ඇසූ කුමාරයා මේ ගාථාවෙන් මව්දේවියට පිළිතුරු දුන්නා.

7. තණ අග දිලිසෙයි පිණිබිඳු - මුතුකැට විලසට
ඉපදුන මිනිසුන්ගෙ ආයු - ඇත පිණිබිඳු ලෙස
අව්ව වැටී එන විට ඒ - පිණිබිඳු දිය වී වැටේ
ලෙඩ දුකින් පහර දෙන විට - මිනිසුන් මිය යනු ඇතේ
එනිසා මෑණියනි මගේ - පැවිද්ද වළකනු එපා

නමුත් මව්දේවිය පුතුගේ පැවිද්දට අකැමති ව නැවත නැවතත් ගිහිගෙයි රඳවා ගන්ට ආයාචනා කළා. එතකොට යුද්ධඤ්ජය යුවරජු පියරජු අමතා මේ ගාථාව පැවසුවා.

8. අනේ මගේ පියරජුනේ - අපෙ අම්මා ඉක්මනින් ම
රන්සිවිගෙයි හිඳුවා - ඇගෙ නිවසට ගෙනියන්ට කියන්ට
ජරාමරණ කතරින් මං - එතෙර වෙන්ට යන ගමනට
අම්මාගෙන් අනතුරක් - වෙන්ට නම් එපා

එතකොට රජ්ජුරුවෝ පුතුගේ වචනයට ඇහුම්කන් දුන්නා. "සොඳුරී, ඔයා ගොහින් රන්සිවිගෙයි වාඩි වෙන්ට. රතිවද්ධන ප්‍රාසාදයට යන්ට." එතකොට ඇ එතන සිටින්ට නොහැකිව ස්ත්‍රීන් පිරිවරා ප්‍රාසාදයට ගොඩවී මාගේ පුතුගේ තොරතුරු මොනවාදැයි අසමින් විනිශ්ච ශාලාව දෙස බලා සිටියා.

මව්තුමිය පිටත් ව ගිය පසු යුද්ධඤ්ජය කුමරු නැවතත් පියරජුගෙන් අවසර ඉල්ලා සිටියා. පියරජුට පුතුගේ ඉල්ලීම යටපත් කරන්ට නොහැකි වුණා. "එහෙනම් පුත්‍රය,

තොප අදහස් කරන කාරණය ඉෂ්ට කරගන්ට. ගොහින් පැවිදි වෙන්ට" කියා අවසර දුන්නා.

යුද්ධඤ්ජය කුමාරයාට බාල යුධිෂ්ඨිල කුමාරයාත් පියාට වැන්දා. "අනේ පියාණෙනි, මටත් අයියණ්ඩි සමග පැවිදි වෙන්ට අවසර දෙන්ට" කියා ඉල්ලා සිටියා. ඔහුටත් අවසර ලැබුණා. සහෝදර දෙදෙනා ම පියරජු වැඳ මහජනයා පිරිවරා විනිශ්ච ශාලාවෙන් නික්ම ගියා. මව්දේවිය පුතුන් දෙදෙනා පැවිදි වෙන්ට යන හැටි බලා සිටියා. "අයියෝ... මගේ පුතුන් දෙදෙනා පැවිදි වූ විට මේ රම්‍ය නගරය හිස්වෙලා යාවී" කියා හඬමින් මේ ගාථා දෙක පැවසුවා.

9. දිව යව් තොප ළඳුනේ - මපුතු පැවිදි වෙන්ට යන මග
ගොහින් කියව් 'පින්වත් කුමරුනි - තොපට යහපත වේවා' කියා
අයියෝ දැන් ඉතින් - රම්‍ය නගරය හිස්වෙයි
අපගේ සබ්බදත්ත රජු - පුතුට අවසර දුන්නා නොවැ

10. දහසක් පුතුනට වැඩිමල් - මපුතු රන්වන් පාටයි
අනේ මේ පින්වත් පුතු - කසාවත් පොරවා ගනීවී

යුද්ධඤ්ජය කුමරාත් මව්දේවිය වෙත ගොස් වන්දනා කොට යුධිෂ්ඨිල කුමාරයාත් සමග නගරයෙන් නික්මුණා. මහජනයාත් පසුපසින් එන්ට පටන් ගත්තා. එතකොට ඔවුන්ව නවත්වා දෙදෙනා ම හිමාලයට ගියා. මනරම් පෙදෙසක අසපුවක් කරවා ඍෂි පැවිද්දෙන් පැවිදි වුණා. ධ්‍යාන අභිඥා උපදවාගෙන වනමුල් ඵලාදියෙන් යැපෙමින් වාසය කළා. මරණින් මතු බඹලොව උපන්නා. භාග්‍යවතුන් වහන්සේ මේ ගාථාව වදාළා.

11. යුද්ධඤ්ජයත් යුධිෂ්ඨිලත් - යන කුමරුන් දෙදෙනා
මාපියන් ද අත්හැර - මරහුගෙ කෙලෙස් සිඳ බිඳ
විමුක්ති සුවය සොයමින් - පැවිදි දිවියට පත්වුණා

"මහණෙනි, තථාගතයන් රාජ්‍යය අත්හැර පැවිදි වුණේ මේ ආත්මයේ විතරක් නොවේ. මීන් පෙරත් රාජ්‍යය අත්හැර බොහෝ වාර ගණන් පැවිදි වී තියෙනවා. ඒ කාලයේ මව්පියන් ව සිටියේ මෙකල සුද්ධෝදන නිරිඳුත් මහාමායා මව්දේවියත් ම යි. යුධිෂ්ඨිල කුමාරයා ව සිටියේ අපගේ ආනන්දයෝ. යුද්ධඤ්ජය යුවරජ ව සිටියේ මම" ය කියා මේ ජාතකය නිමවා වදාළා.

07. දසරථ ජාතකය

බෝසත් රාම කුමරුගේ කතාව

පින්වතුනේ, පින්වත් දරුවනේ,

ඒ කාලයේ අපගේ භාග්‍යවතුන් වහන්සේ වැඩවාසය කොට වදාළේ සැවැත් නුවර ජේතවනයේ. ඔය කාලයේ ම එක් නිවසක තාත්තෙකුයි පුතෙකුයි වාසය කළා. මේ පුතා තම පියාට ගොඩාක් ආදරෙයි. හදිසියේ හටගත් ආබාධයකින් පියා මරණයට පත්වුණා. පියාගේ මරණය නිසා පුත්‍රයා තුළ නොඉවසිය හැකි මහා ශෝකයක් හටගත්තා. ඔහුට කිසිවක් කරගන්ට බැරිව ගියා. ශෝක දුකින් පීඩිත ව පියා ගැන ම සිත සිතා හඬමින් කාලය ගත කළා.

භාග්‍යවතුන් වහන්සේ හිමිදිරි උදෑසන මහා කරුණා සමවතට සමවැදී පිහිට ලැබීමට පින් ඇති සත්වයන් ගැන බලද්දී පියාගේ වියෝගයෙන් උපන් දුකින් තැවී සිටිනා පුත්‍රයා ව බුදුඇසට පෙනුණා. සෝවාන් ඵලයට පත්වීමට තරම් පිනක් මොහුට ඇති බවත් පෙනුණා.

භාග්‍යවතුන් වහන්සේ පසුවදා සැවැත් නුවර පිඬුසිඟා වැඩම කොට දානයෙන් පසු එක් භික්ෂුවක් සමග ඔහුගේ නිවසට වැඩියා. "උපාසක, ඔබ ගොඩාක් ශෝකයෙන් හැඬූ කඳුළින් ඉන්නේ මක් නිසා ද?"

"අනේ භාග්‍යවතුන් වහන්ස, මගේ අදරැති පියා කලුරිය කළා නොවැ. එදා සිට මට කිසිවක් කරගන්ට බෑ. මගේ සිත ශෝකයෙන් තැවෙනවා."

"දන්නවා ද උපාසක, පෙර කල සිටි නුවණැති අය ලාභ, අලාභ, අයස, යස, නින්දා, ප්‍රශංසා, සැප, දුක් යන අෂ්ට ලෝක ධර්මයේ ස්වභාවය හොඳින් හඳුනාගෙන තමන්ගේ පියා මරණයට පත්වූ විට සෝක දුකට පත් නොවී වාසය කළා."

"ස්වාමීනී, භාග්‍යවතුන් වහන්ස, පීතෘ ශෝකයෙන් පීඩිත නොවී වාසය කළ ඒ නුවණැත්තන්ගේ කතාව මට කියා දෙන සේක්වා" කියා උපාසක භාග්‍යවතුන් වහන්සේගෙන් ඉල්ලා සිටියා. භාග්‍යවතුන් වහන්සේ මේ අතීත කතාව ගෙනහැර දක්වා වදාළා.

ගොඩාක් ඉස්සර කාලේ බරණැස් නුවර දසරථ නමින් රජෙක් ඉතාමත් දැහැමි ලෙස රාජ්‍ය පාලනයේ යෙදුණා. මේ රජ්ජුරුවන්ගේ දොළොස් දහසක් අන්තඃපුර ස්ත්‍රීන් අතර ප්‍රධාන ව සිටි අගමෙහෙසිය පුතුන් දෙදෙනෙකුත් දූකුමරියකුත් බිහි කළා. ජ්‍යෙෂ්ඨ පුත්‍රයා හැඳින්වූයේ රාම පණ්ඩිත නමින්. බාල කුමාරයාට කීවේ ලක්ඛණ කියලයි. බාල දියණිය හැඳින්වූයේ සීතා දේවි නමින්.

කලක් යද්දී අගමෙහෙසිය කලුරිය කළා. ඇයගේ කලුරිය කිරීම රජතුමාගේ සිතට මහත් ශෝකය ගෙනදුන් කරුණක් වුණා. බොහෝ කලක් ඇය ගැන සිතමින් ශෝකාතුර ව වාසය කළා. ඇමතිවරු බොහෝ කරුණු කියා රජුගේ ශෝකය සංසිඳුවා වෙනත් මෙහෙසියක් අගමෙහෙසි තනතුරේ පිහිටුවන්ට කටයුතු කළා. රජතුමා

දෙවෙනි අගමෙහෙසියටත් ඉතා ආදරයෙන් සිටියා. ටික කලකදී ඇයත් පුත් කුමරෙකු බිහිකළා. රජතුමා ඒ කුමරාට භරත කුමරා යන නම තැබුවා.

අලුත් සිඟිති කුමාරයාව දුටු විට රජ්ජුරුවන්ගේ සිතේ බලවත් දරු ස්නේහයක් හටගත්තා. "දේවී... මට හරි සතුටුයි. මං ඔයාට කැමති වරයක් දෙනවා. ඕනෑ ම දෙයක් ඉල්ලන්ට."

"එහෙමයි දේවයන් වහන්ස, මාත් වරය ගන්ට කැමතියි. නමුත් මේ වෙලාවේ මට ඕනෑ කුමක්ද කියා සිතාගන්ට බෑ. පස්සේ කියන්නම්" කියා වරය තමා ළඟ තබාගත්තා.

භරත කුමාරයාට වයස හතක් අටක් වෙද්දී දේවිය රජතුමා වෙත ගියා. "දේවයන් වහන්ස, ඔබට මතක ද මගේ භරත කුමරු උපන් දා මට වරයක් දුන්නා?"

"ඔව් දේවිය.... මට මතකයි. කෝ ඉතින් ඔයා තාම වරය ගත්තෙ නෑනේ."

"එහෙමයි දේවයන් වහන්ස, දැන් නම් මට වරය ඉල්ලන්ට කාලේ ඇවිත් කියා හිතෙනවා. මං වරයක් ඉල්ලුවොත් එය මට දෙනවා ද?"

"හොඳයි සොඳුරී, ඔයා ඕනම වරයක් ඉල්ලන්ට."

"දේවයන් වහන්ස, මට ඕනෑ එක ම එක දෙයයි. මගේ භරත කුමාරයාට රාජ්‍යය භාරදෙන්ට."

එතකොට රජතුමාට අතින් අසුරක් ගැසුණා. දේවිය දෙස රවා බැලුවා. "හෑ... දේවී... මේ මොනාද කියන්නේ?

ඇයි... ගිනිකඳන් වගේ මහතෙදින් බබළන මගේ අනිත් දරුවන් පේන්නේ නැද්ද? මගෙන් තී ඉල්ලන්නේ ඒ දරුවන් මරා තිගේ පුත්‍රයාට රාජ්‍ය භාරය පවරන්ට කියා ද?" කියමින් තර්ජනය කළා. ඈ හොඳටම භය වී සිරියහන් ගැබට දිව ගියා. නමුත් ඈ තමන්ගේ අදහස අත්හැරියේ නෑ. ඉඩ ලැබුණු හැම අවස්ථාවේදී ම තමන්ට දෙනවා කිව් වරයට අනුව භරත කුමාරයාට රාජ්‍යය දෙන්ට කියා නොකඩවා ඇවිටිලි කරන්ට පටන් ගත්තා.

දසරථ රජතුමා ඇයට වරය දුන්නේ නෑ. නමුත් ඒ ගැන දිගින් දිගට කල්පනා කළා. 'ස්ත්‍රිය කියන්නේ කෙළෙහිගුණ නොදන්නා මිත්‍රද්‍රෝහී තැනැත්තියක්. මේ ස්ත්‍රියත් හොර හසුන් මගින් හෝ හොර අල්ලස් මගින් හෝ මගේ අනිත් කුමාරවරුන්ව මරවන්ට බැරි නෑ. ඒ නිසා මං දරුවන්ව මෙහෙන් පිටත් කරවන්ට ඕනෑ. කෝකටත් මට තව කොපමණ කලක් ජීවත් වෙන්ට තියේ ද කියා බලවන්ට ඕනෑ' යි සිතා අනාවැකි කියන බ්‍රාහ්මණයන් රහසේ ම ගෙන්වා රජ්ජුරුවන්ගේ ආයුෂ තව කොතෙක් ඉතිරි වී ඇත්දැයි ඇසුවා. ඔවුන් කීවේ තව දොළොස් වසරකට ආයුෂ තියෙන බවයි.

එතකොට රජතුමා රාම, ලක්ඛණ යන කුමාරවරු කැඳවා මෙය කීවා. "මාගේ දරුවෙනි, මෙහි වාසය කිරීමෙන් තොපගේ ජීවිතවලට අන්තරායක් ඇති බව පෙනේ. එනිසා අසල්වැසි රාජ්‍යයකට හෝ යන්ට. නැතිනම් අරණ්‍යවාසයට හෝ යන්ට. ගොහින් දොළොස් අවුරුද්දක් ඇවෑමෙන් ඇවිත් සේසත් නංවා රාජ්‍ය පාලනයේ යෙදෙන්ට."

"එහෙමයි පියරජුනි, අපි වනවාසයට යන්ට කැමතියි" කියා පියරජුන් වැඳ හඬ හඬා මාලිගයෙන් පහළට බැස්සා. "අනේ මට සහෝදරයින් නැතිව ඉන්ට බෑ. මාත් මගේ සහෝදරයන් එක්ක වන වාසයට යන්ට යනවා." කියා සීතා දේවියත් පියරජු වැඳ හඬ හඬා නික්මුණා. තුන් දෙනා ම පිටුපසින් මහජනයාත් ආවා. නගර සීමාව අවසන් වන විට ඔවුන් මහජනයාව නැවැත්තුවා. අනුක්‍රමයෙන් හිමාල වනයට ගියා. ජලපහසුව ඇති, සුලභ පලවැල තියෙන පෙදෙසක රමණීය අසපුවක් කරවා පලවැලින් යැපෙමින් වාසය කළා. එහිදී ලක්ෂමණ කුමාරයාත් සීතා දේවියත් රාම පණ්ඩිතයන්ට මෙය කීවා.

"රාම පණ්ඩිතයෙනි, නුඹවහන්සේ අපට පියා හා සමාන ය. එනිසා මේ අසපුවෙහි ම සිටිය මැනව. ක්ෂත්‍රිය ධර්මයට අනුව අපි වනයට ගොහින් පලවැල රැගෙනවිත් නුඹවහන්සේට උපස්ථාන කරන්නම්" කියා ආයාචනා කොට අවසර ගත්තා.

එතැන් පටන් රාම පණ්ඩිත කුටියේ නැවතුණා. ලක්ෂමණත් සීතාත් වනයට ගොහින් පලවැල නෙළා අවුත් රාම පණ්ඩිතයන්ට මුල් කොටස පුදනවා. ඉතිරි කොටසින් තමන් යැපෙනවා. මෙසේ තම දරුවන් වනවාසී ව කල් ගෙවීම ගැන දසරථ මහරජු මහත් සිත්වේදනාවෙන් වාසය කළා. වසර නවයකින් රජතුමා කලුරිය කළා. අගමෙහෙසිය රජතුමාගේ ශරීරයට අවසාන කෘත්‍යය කොට 'දැන් ඉතින් මාගේ පුත්‍ර භරත කුමාරයාව සේසත් නංවා රාජ්‍යයෙහි අභිෂේක කරව්' කියා ඇමතිවරුන්ට පැවසුවා.

"දේවිය, සේසතට හිමිකරුවෝ වනයේ වසනවා නොවැ" කියා ඇමතිවරු භරත කුමාරයාව අභිෂේක කළේ නෑ. එතකොට භරත කුමාරයා පෙරට ආවා. "ඒක හරි. මං වනයට ගොස් මගේ සොයුරු රාම පණ්ඩිතයන්ව කැඳවාගෙන ඇවිත් සේසත් නංවා අභිෂේක කරවන්ට ඕනෑ" කියා පංච කකුධ භාණ්ඩ ද රැගෙන සිව්රඟ සේනාව පිරිවරා හිමාලයට ගියා. ගිහින් රාම පණ්ඩිතයන් වසන ස්ථානයට ආසන්නයේ කඳවුරු බැන්දා. ලක්ෂමණ සහ සීතා දෙදෙන පලවැල නෙළන්ට වනයට ගිය අතරේ ඇමතිවරු පිරිවරාගත් භරත කුමාරයා අසපුවට ඇතුළු වුණා.

ඉතා හොඳින් ඔපමට්ටම් කළ අනගි රන්රුවක් සෙයින් රාම පණ්ඩිතයන් භාවනා ඉරියව්වෙන් සුවසේ වාඩි වී අසපු දොරකඩ හිඳිනා අයුරු දැකගන්ට ලැබුණා. භරත කුමාරයා සියලු දෙනා සමගින් රාම පණ්ඩිතයන්ට වන්දනා කළා. එකත්පස්ව සිටගත්තා. පියරජතුමා කලුරිය කළ වග දැනුම් දී රාම පණ්ඩිතයන්ගේ පායුග මත හිස තබාගත් භරත කුමරු හඬන්ට පටන් ගත්තා. ඇමතිවරුත් හඬන්ට පටන් ගත්තා.

නමුත් රාම පණ්ඩිතයන් තුළ කිසි ශෝකයක් ප්‍රකට වුණේ නෑ. නෙතින් කඳුළු බිඳක් වැටුණේ නෑ. ඔහුගේ මුහුණේ හෝ නෙත්වල හෝ කිසිදු වෙනසක්, කලබලයක් පෙනුණේ නෑ.

භරත කුමාරයා හඬා වැලපී පසෙකින් වාඩි වී සිටියා. සවස් කාලයේ අනිත් දෙදෙනා පලවැල රැගෙන පැමිණියා. එතකොට රාම පණ්ඩිතයන් මෙය සිතුවා.

'මේ දෙන්නා තුළ තවම නුවණ මෝරා නෑ. මට වගේ ප්‍රඥාවෙන් සලකා ශෝක දුක දරාගන්ට අමාරුයි. එක්වර ම තොපගේ පියාණන් කලුරිය කළා යැයි කීවොත් උසුලාගත නොහැකි ශෝක දුක නිසා දෙන්නාගේ ම ළය පැලී යන්ට ඉඩ තියෙනවා. එනිසා දෙන්නා ම දියේ බස්සවා යි මේ පුවත දැනුම් දිය යුත්තේ.'

ඊට පස්සේ ඒ දෙදෙනා කැඳවා මෙසේ කීවා. "අද තොප දෙදෙනා වනයට ගොස් පමා වී ආවේ මන්ද? එයට දඬුවම් වශයෙන් තොප අර පෙනෙන දියවළට බසින්ට ඕනෑ" කියා මේ ගාථාර්ධය කීවා.

1.1 **ලක්ෂමණ සීතා - දෙදෙනා ම මෙහි එන්න**
අර පෙනෙන දියවළට - ගොහින් එහි බැසගන්න

ඒ දෙදෙනා රාම පණ්ඩිතයන්ගේ එක වචනයෙන් කීකරු ව දියවළට ගොසින් බැස සිටගත්තා. එතකොට රාම පණ්ඩිතයෝ ඔවුන් ළඟට ගොස් පියරජු මියගිය පුවත ඊළඟ ගාථාර්ධයෙන් පැවසුවා.

1.11 **අපගේ භරතත් මෙහි ඇවිත් ඉන්නවා**
දසරථ පියමහරජු මියගිය බව පවසනවා

තම පියා මියගියේය යන පුවත ඇසූ සැණින් දෙදෙනාට ම සිහි නැතිවුණා. යළිත් සිහි ආවිට නැවතත් කීවා. එතකොටත් සිහි නැතිවුණා. තුන්වෙනි වතාවෙත් සිහි නැතිවුණාට පස්සේ ඇමතියන් ලවා දියවළෙන් ගොඩට ගෙන ගොඩබිම වාඩි කෙරෙව්වා. එවිට ඔවුන් අස්වැසිලි ලැබ එකිනෙකා වැළඳ බොහෝ වේලා හඬා වැලපුණා. පස්සේ ඔවුන් නිශ්ශබ්ද ව සුසුම් හෙළමින් වාඩි වුණා. භරත කුමාරයා මේ ගැන සිතන්ට පටන් ගත්තා.

'මගේ සොයුරු ලක්ෂමණ කුමරුත් සොයුරී සීතා දේවීත් පියා මියගිය පුවත ඇසූ සැණින් ශෝක දුක දරාගන්ට බැරිව හඬා වැලපුණා. නමුත් අපගේ රාම පණ්ඩිතයන් තුළ කිසි ශෝකයක් දකින්ට නෑ. හඬා වැලපීමක් දකින්ට නෑ. මොහුට මෙසේ ශෝක නොකොට ඉන්ට පුළුවන්කම ඇතිවූයේ කෙසේද කියා අසන්ට ඕනෑ' යි සිතා මේ ගාථාව පැවසුවා.

2. අපගේ රාම පණ්ඩිතයෙනි - මට මෙය පහදා දුන මැන
   කවර ආනුභාවයකින් දෝ - සෝකදුක් ඇතිවෙන තැන
   සෝක රහිත ව ඉන්නේ
   පිය නිරිඳු මියගිය බව අසා - සෝක දුක් නෑ ඔබ තුළ

එතකොට රාම පණ්ඩිත සෝක නොකිරීමට හේතු දක්වමින් මේ ගාථාවන් පැවසුවා.

3. බොහොකොට හඬා වැලපෙන - පුරුෂයා හට කිසි දින
   අනිත් අයගේ දිවි - නොහැකිය හසුරුවන්නට
   අටලෝදමෙහි ඇති තතු - හොඳින් දන්නා නැණවතා
   නැසෙන වැනසෙන දේ ගැන - කුමට ද තැවී ඉන්නේ

4. ළදරු අය හා මහලු අය ද - මෝඩ අය ද නැණවතුන් ද
   ධනවතුන් ද දිළින්දන් ද - වෙනසක් නැති ඒ හැමෝම
   කොයි මොහොතේ කොතැනක හෝ
   මරණෙට පත්වෙනවා

5. ගසෙහි ඇති ඉදුණු පලවැල
   නිතර වැටෙනා බියෙන් පසුවෙයි
   එලෙසින් උපන් ලෝසත
   නිතර මැරෙනා බියෙන් පසුවෙයි

6. උදෑසන දුටු බොහෝ දෙන - සවස නැත දකින්නට
සවස දකිනා බොහො අය
යළි උදෑසන නැත දකින්නට

7. මියගිය අය ගැන හඬා වැලපී
කොතෙකුත් අයැද සිටිය ද
යළි ඔවුන් නැගිටුවා ගන්නට
කාටවත් නොහැකිය ලොවේ
ඒ ගැන මුලා වී තමා - හඬා වැලපී පලක් නැති වග
හොඳින් දන්නා නැණවතා
නොහඬයි ශෝක නොකරයි

8. තමාව ද පෙළාගනිමින් - හඬා වැලපෙන කෙනාගේ
සිරුර ද කෘශ වෙයි - දුර්වර්ණ වී යන්නේ
ඔහු හඬා වැලපෙන දෙයින් - නැත මළවුන් යැපෙන්නේ

9. ගිනි ඇවිලගත් නිවස - දියෙන් වහ නිවනා ලෙස
බොහෝ දේ දත් විරිය ඇති - නැණැති මිනිසා ලොවේ
උපන් සෝකය වහා - සිතෙන් බැහැරට දමයි
පුළුන් රොද පිඹ බැහැර කරනා - වේගවත් සුළඟක් සේ

10. තනිවමය මිනිසා මැරී - වෙනත් ලොවකට යන්නේ
තනිවමයි මේ ලොවේ - මිනිසා උපතට එන්නේ
මාපිය අඹුදරු මිතුරන් සේ - එකිනෙකා හමුවන්නේ
තම තමන්ගේ සසරේ - කළ කර්මයට අනුවයි

11. එනිසා ධෛර්යය ඇති - බොහෝ දැනඋගත් අය
මෙලොව පරලොව තතු - හොඳින් දැනසිටි විට
හදෙහි උපදින්ට ඉඩ ඇති - මහත් ශෝකය පවා
හොඳින් වටහා ගනිමින් - එයින් නොතැවී සිටියි

12. පියා මියගිය පසු - එතැනට පැමිණෙන මම
දන්පැන් ද නිති දෙමින් - සුදුස්සන්ට නිසි තැන දෙමි

නෑයන්ට නිසි ලෙස - ගරු සරු ඇතිව සලකමි
රටවැසියන්ට සලකමි - මහණ බමුණන්ට සලකමි
නුවණැති පුරුෂයෙක් - කළයුතු දෙය ම කර දෙමි

මෙසේ රාම පණ්ඩිතයෝ අනිත්‍ය ප්‍රතිසංයුක්ත ගාථා පවසමින් දහම් දෙසා පිරිසගේ සෝක දුක සංසිඳෙව්වා. එතකොට භරත කුමාරයා රාම පණ්ඩිතයන්ට වන්දනා කොට බරණැසට ගොහින් රාජ්‍යය භාරගන්ට කියා ඉල්ලා සිටියා. රාම පණ්ඩිත මෙය පැවසුවා.

"දරුව භරත, ලක්ෂමණත් සීතා දේවියත් කැඳවාගෙන ගොහින් රාජ්‍යානුශාසනා කරන්ට."

"එතකොට දේවයන් වහන්ස, නුඹවහන්සේ?"

"දරුවෙනි, මට මගේ පියරජු වචනයක් පැවසුවා. 'පුත්‍රය, මින් දොළොස් වසරක් ගිය තැන අවුත් රාජ්‍යය භාරගන්ට' කියා. මං දැන් බරණැසට ආවොත් පියාගේ වචනය පිළිපැද්ද පුත්‍රයෙක් වෙන්නේ නෑ. ඒ නිසා මං ඉතිරි තුන් වසත් මේ වනයේ ම ගතකොට බරණැසට එන්නම්."

"අනේ... එතෙක් කල් රාජ්‍ය කරන්නේ කවුද?"

"ඇයි දරුවෙනි, තොප රාජ්‍ය කරව්."

"නෑ දේවයන් වහන්ස, අපට රාජ්‍ය කරන්ට පුළුවන්කමෙක් නෑ."

"එහෙනම් දරුවෙනි, මං එනතුරු මාගේ පාවහන් යුගල රාජ්‍ය කරාවි." කියා තෘණයෙන් සකසන ලද පාවහන් යුගල පයින් මුදවා ඔවුන්ට දුන්නා.

ඒ තුන්දෙනා රාම පණ්ඩිතයන්ගේ පාවහන් යුගලත් ගෙන රාම පණ්ඩිතයන්ට වන්දනා කොට මහජනයා පිරිවරා බරණැස බලා පිටත් වුණා. තුන් වසක් ම බරණැස් රාජ්‍යය පාලනය කළේ රාම පණ්ඩිතයන්ගේ තෘණයෙන් සැකසූ පාවහන් යුගලයි. ඇමතිවරු සිංහාසනය මත පාවහන් යුගල තබා නඩු විසඳද්දී සාධාරණ විනිශ්චයක් ලැබුණොත් ඒ පාවහන් යුගල නිශ්ශබ්ද ව පවතිනවා. වැරදි විනිශ්චයක් ලැබුණොත් පාවහන් යුගල එකිනෙකා හැපී හඬ නැගී සංඥාවක් දෙනවා. එතකොට නැවතත් සාධාරණ විනිශ්චය ම ලබාදෙනවා.

රාම පණ්ඩිතයෝ තුන් අවුරුද්දක් ඉක්ම ගිය පසු වනයෙන් නික්ම බරණැසට අවුත් රාජ උද්‍යානයට පිවිසුණා. ඔහු පිවිසි බව දැනගත් කුමාරවරු ඇමතිවරු පිරිවරා උයනට අවුත් සීතා දේවිය රාම පණ්ඩිතයන්ගේ අගමෙහෙසිය කොට අභිෂේක කළා. ඊට පසු බරණැස් මහරජු ලෙස රාම පණ්ඩිතයන්ව අභිෂේක කළා. මහත් පෙරහැරින් යුතුව නගරය පැදකුණු කරමින් සුනන්දන ප්‍රාසාදය වෙත කැඳවාගෙන ගියා. රාම කුමරු එහි දහසය දහස් වර්ෂයක් දැහැමින් රාජ්‍යය කළා. මරණින් මතු දෙව්ලොව උපන්නා.

13. **දස දහසක වසරක් හා - හයදහසක තව වසක්**
රන් පැහැගත් ගෙලක් තිබෙන - මහා බාහුබල ඇති
රාම මහා රජතුමා - දැහැමෙන් රට පාලනය කළා

භාග්‍යවතුන් වහන්සේ මේ ජාතකය වදාරා චතුරාර්ය සත්‍ය ධර්මය වදාළා. ඒ ධර්ම දේශනාව අවසානයේ සෝක දුකින් වෙලී සිටි උපාසක දුක සංසිඳුවාගෙන

සෝවාන් ඵලයට පත්වුණා. එදා දසරථ මහරජ ව සිටියේ සුදොවුන් මහනිරිඳු ය. මව් දේවිය වී සිටියේ මහමායා දේවිය ය. සීතා දේවි ව සිටියේ රාහුලමාතාවෝ ය. භරත කුමරු ව සිටියේ අපගේ ආනන්දයෝ ය. ලක්ෂමණ ව සිටියේ අපගේ සාරිපුත්තයෝ ය. රාම පණ්ඩිත ව සිටියේ මම" යි කියා භාග්‍යවතුන් වහන්සේ මේ ජාතකය නිමවා වදාළා.

08. සංවර ජාතකය

සංවර කුමාරයාගේ කතාව

පින්වතුනේ, පින්වත් දරුවනේ,

මෙයත් හරිම වටිනා කතාවක්. කෙනෙකුට අනාගතයේ යම්කිසි වගකීමක් ඉසිලීමට අවශ්‍ය නම්, ඔහු කළයුතු පළමු කාර්යය වන්නේ තමාට නිසි උපදෙස් දිය හැකි උතුම් ගුණවතෙකු ඇසුරු කිරීම යි. ඒ ගුණවත් උපදේශකයා විසින් දෙනු ලබන උපදෙස් නිසි පරිදි ක්‍රියාත්මක කිරීමෙන් සාර්ථකත්වය කරා යන්ට මග සැලසෙනවා. තමාටත්, අනුන්ටත් දියුණුව සැලසෙනවා.

ඒ දිනවල අපගේ භාග්‍යවතුන් වහන්සේ වැඩවාසය කොට වදාළේ සැවැත් නුවර ජේතවනයේ. ඒ කාලයේ සැවැත් නුවර විසූ එක්තරා තරුණයෙක් නිතර බණ අසන්ට දෙව්රමට ගියා. භාග්‍යවතුන් වහන්සේ වෙතින් දහම් කථාව අසා තමාටත් පැවිදි වී ධර්මයේ හැසිරෙන්ට ඇත්නම් හොඳ ය යන අදහස ඇතිවුණා. ඉතාමත් ශ්‍රද්ධාවෙන් පැවිදි වුණා.

පැවිදි ව කලක් ගත වූ පසු ප්‍රමාණවත් ධර්ම විනය දැනුම ඇතිව ආචාර්ය උපාධ්‍යායන් වහන්සේලාගෙන් අවසර ලබා කොසොල් රටේ ඈත පෙදෙසක වස් වැසීම

පිණිස ඒ භික්ෂුව පිටත් වුණා. චාරිකාවේ වඩින මේ භික්ෂුවගේ ඇවතුම් පැවතුම් දැක ගම්වැසියන් පිරිසක් පැහැදුණා. සිය ගම අසල වනලැහැබේ කුටියක් තනවා දී මේ භික්ෂුවට වස් කාලයේ වැඩසිටින්ට සැලැස්සුවා.

'මේ වස් කාලය තුළ මාත් හැකිතාක් වීර්යය කොට මාර්ගඵල අවබෝධයක් ඇතිකරගන්ට ඕනෑ' ය යන දැඩි අදිටනින් යුතුව බලවත් ලෙස වීර්යය කරමින් තුන් මාසය පුරා ම සතර සතිපට්ඨාන භාවනාවේ යෙදුනා. අධික ව ගන්නා ලද වීර්යය හේතුවෙන් චිත්ත සමාධි මාත්‍රයක්වත් උපදවාගන්ට ඒ භික්ෂුව සමත් වුණේ නෑ. එතකොට ඔහුට මෙහෙම හිතුණා. 'අපගේ භාග්‍යවතුන් වහන්සේ උග්ඝටිතඤ්ඤූ, විපඤ්චිතඤ්ඤූ, නෙය්‍ය, පදපරම වශයෙන් ධර්මයේ හැසිරෙන පුද්ගලයන් සිව් කොටසකට අයත් බව වදාරලා තියෙනවා. එයින් පදපරම පුද්ගලයා කියන්නේ ඒ ආත්මයේ ධර්මාවබෝධය නොලබන පුද්ගලයාට යි. අනේ මාත් එහෙම කෙනෙක් වෙන්ට ඇති. ඉතින් එහෙනම් මං දැන් ආපසු සැවැත් නුවර යනවා. ගොහින් භාග්‍යවතුන් වහන්සේගේ දෙතිස් මහාපුරුෂ ලකුණෙන් හෙබි අසිරිමත් රූසිරි බලමින්, මියුරු දම් අසමින්, හැකි අයුරින් වතක් පිළිවෙතක් කරමින් ඉන්ට ඕනෑ' කියා සිතා දැඩි උත්සාහය අත්හැරියා.

ඉතින් ඒ භික්ෂුව ජේතවනයට ගොහින් ආචාර්ය උපාධ්‍යායන් වහන්සේලා වන්දනා කොට පාඩුවේ වාසය කරන්ට පටන් ගත්තා. ධර්මයේ හැසිරෙන්ට බොහෝ සේ කැපවී සිටි ඒ භික්ෂුව දැන් කිසි උත්සාහයක් නොගෙන සිටිනා අයුරු අනිත් භික්ෂූන් දුටුවා. හිතවත් භික්ෂූන් ඔහුට කියා සිටියේ අලස නොවී වීර්යය ගෙන ධර්මයේ

හැසිරෙන්ට උත්සාහ කරන්ට කියලයි. එතකොට ඔහු කියා සිටියේ තමාට මේ ආත්මයේ ධර්මාවබෝධ කරන්ට පිනක් නැති බවයි. පදපරම පුද්ගලයෙක් ය කියා තමා ගැන සිතෙනා බවයි. භික්ෂූන් වහන්සේලාට ඒ භික්ෂුව ගැන මහත් අනුකම්පාවක් ඇතිවුණා.

"අනේ ඇවත, එහෙම කියන්ට එපා. දැන් අපගේ භාග්‍යවතුන් වහන්සේ ජීවමාන ව වැඩසිටිනවා නොවැ. මහා ශ්‍රාවකයන් වහන්සේලාත් වැඩසිටිනවා නොවැ. අසිරිමත් දහම්ගොස පැතිරෙනවා නොවැ. භාග්‍යවතුන් වහන්සේ වදාළේ අකුසල් දුරලීම පිණිසත් කුසල් වැඩීම පිණිසත් වීර්යය කිරීම ම උතුම් බවයි. එනිසා දැන් අපි ගොහින් භාග්‍යවතුන් වහන්සේට ඔය කරුණ සැලකරමු."

ඒ භික්ෂුව භාග්‍යවතුන් වහන්සේව බැහැදකින්ට අකැමති වුණා. අනිත් භික්ෂූන් වහන්සේලා ඔහුව අකැමැත්තෙන් සිටියදී ම භාග්‍යවතුන් වහන්සේ වෙත කැඳවාගෙන ගියා.

"මහණෙනි, ඔය භික්ෂුව මහත් අකැමැත්තෙන් වගේ මෙහි කැඳවාගෙන එන්ට කරුණ කිම?"

"ස්වාමීනී භාග්‍යවතුන් වහන්ස, මේ භික්ෂුව වීර්යය අත්හැර නැවතත් දෙව්රමට ම ආවා. තමා පදපරමයෙක් ලු. මේ ජීවිතයේ ධර්මය අවබෝධ කරන්ට බැහැ ලු."

"හැබෑද භික්ෂුව, ඔබට තියෙන්නේ එබඳු අදහසක් ද?"

"එහෙමයි භාග්‍යවතුන් වහන්ස, මං එකදිගට ම තුන් මාසයක් ම වීර්යය කළා. හිතේ විසිරීම දිගටම පවතිනවා.

සංසිඳෙන්නේ නෑ. ඉතින් මං ගැන හිතුවේ පදපරම පුද්ගලයෙක් වෙන්ට ඇත කියලයි."

"ඇයි භික්ෂුව එහෙම හිතන්නේ? ඇයි එහෙම වීර්යය අත්හරින්නේ? මේ ශාසනයේ කොහොමත් කුසීත පුද්ගලයෙකුට මාර්ගඵල නිවන් අවබෝධ කිරීම සිදුවන්නේ නෑ. නමුත් පටන්ගත් වීර්යය නොකඩවා පවත්වන භික්ෂුවගේ සිත මාර්ගඵලාවබෝධයෙන් ම සතුටට පත්කරවනවා.

භික්ෂුව, ඔබ පෙර ආත්මයේ ඉතා වීර්යවන්ත අයෙක්. ඒ වගේ ම අවවාදයට අනුව මනාව කටයුතු කළ අයෙක්. ඒ නිසා ම බරණැස් රජ්ජුරුවන්ගේ සියයක් පුත් කුමාරවරුන්ගේ බාල ම පුතා ව සිටත්, නුවණැත්තන්ගේ අවවාදයේ පිහිටා කටයුතු කිරීම නිසා බරණැස් රාජ්‍යශ්‍රීය ලබන්ට හැකිවුණා" කියා මේ අතීත කතාව ගෙනහැර දක්වා වදාළා.

"මහණෙනි, ගොඩාක් ඉස්සර කාලයේ බරණැස් පුරේ බ්‍රහ්මදත්ත නම් රජෙක් රාජ්‍ය විචාරමින් සිටියා. ඒ බරණැස් රජුට පුත් කුමාරවරු සියයක් සිටියා. ඒ සියදෙනාගෙන් බාල කුමාරයා හැඳින්වූයේ සංවර කුමරු යන නමින්. දිනක් රජතුමා 'මේ කුමාරවරුන් හික්මිය යුතු ශිල්පයෙහි හික්මවව්' කියා එක් එක් ඇමතිවරයාට එක් එක් පුත්කුමාරයා බැගින් භාර කළා. සංවර කුමාරයාව භාරවුණේ අප මහබෝසත් ව සිටි නැණැති ඇමතියෙකුට යි. ඒ බෝසත් ඇමති සංවර කුමාරයාට පියෙකු ලෙස ආදරයෙන් සැලකුවා. හොඳින් ශිල්ප ඉගැන්නුවා. සංවර කුමාරයාත් බෝසත් පණ්ඩිතයාගේ වචනය අකුරක් නෑර පිළිපැද්දා.

සියලු කුමාරවරු නිසි කාලයේ ශිල්ප හදාරා අවසන් කළ පසු ඇමතිවරු ඒ කුමාරවරුන්ව කැඳවාගෙන ආවා. රජ්ජුරුවන්ට දක්වා සිටියා. එතකොට රජතුමා ඒ ඒ කුමාරවරුන්ව ඒ ඒ ජනපදයන්ගේ ප්‍රධාන පාලක බවට පත්කොට පිටත් කෙරෙව්වා.

බෝසත් අමාත්‍යයා යටතේ ශිල්ප හදාළ සංවර කුමරු බෝසත් ඇමතියාගෙන් මෙය ඇසුවා. "පියාණෙනි, අපගේ පියමහරජු මාවත් ඈත ජනපදයකට පිටත් කළොත් මං කුමක්ද කරන්නේ?"

"දරුව, තොපගේ පියරජු තොපට පිටස්තර ජනපදයක් පැවරුවොත් එය භාරගන්ට එපා. 'අනේ දේවයන් වහන්ස, මං නොවැ හැමෝටම බාලයා. මාත් ගියොත් නුඹවහන්සේගේ පාදමූලයේ කවුරුවත් ම නැතුව යනවා. මං නුඹවහන්සේගේ පාසෙවණේ ඉන්ටයි ආසා' කියා කියන්ට."

දවසක් සංවර කුමාරයා පියරජු වන්දනා කොට එකත්පස්ව සිටගත්තා. "ආ... පුත සංවර, කිම... තොපත් දැන් ශිල්ප හදාරා අවසන් ද?"

"එහෙමයි දේවයන් වහන්ස"

"බොහෝම අගෙයි. එහෙමනම් තොපටත් ජනපදයක් පවරන්ට ඕනෑ."

"අනේ දේවයන් වහන්ස, මං නොවැ හැමෝටම බාලයා. මාත් ගියොත් නුඹවහන්සේගේ පාදමූලයේ කවුරුවත් ම නැතුව යනවා. මං නුඹවහන්සේගේ පාසෙවණේ ඉන්ටයි ආසා."

"හෝ... පුත, ඒ අදහසත් කදිමයි. එහෙමනම් තොප මා ළඟ ඉන්ට" කියා රජතුමා සතුටින් අවසර දුන්නා.

ඊට පස්සේ සංවර කුමාරයා බෝසත් පණ්ඩිතයන් මුණගැසුණා. "පියාණෙනි, මට පියරජුගෙන් මෙහි ඉන්ට අවසර ලැබුණා. දැන් මා කුමක්ද කරන්ට ඕනෑ?"

"පුත, තොප ගොහින් රජ්ජුරුවන් බැහැදැක පැරණි පලතුරු උයනක් ඉල්ලාගන්ට."

එතකොට සංවර කුමාරයා පියරජුගෙන් පැරණි පලතුරු උයනක් ඉල්ලා ගත්තා. එහි මල් පළතුරු ගස්වලට හොඳින් සාත්තු කළා. සුළු කලකින් ඉතාමත් සරු ඵලදාවක් ලැබුණා. බෝසත් පණ්ඩිතයන්ගේ උපදෙස් මත ඒ පලතුරුවලින් නගරවැසි ධනවත් සිටුවරුන්ට හොඳට සැලකුවා. නැවතත් සංවර කුමාරයා බෝසතුන් මුණගැසී ඊළඟට කළයුත්තේ කුමක්ද කියා අසා සිටියා.

"පුත, දැන් ඇතුළුනුවර ජනයාගේ බත් වැටුප් බෙදාදීමේ කටයුතු තොප අතින් පිළිවෙළකට නොපිරිහෙළා කිරීමට පියරජුගෙන් අවසර ගන්ට."

පියරජුගෙන් එයටත් අවසර ලැබුණා. සංවර කුමාරයා බෝසත් පණ්ඩිතයන්ගේ උපදෙස් මත ඇතුළුනුවර වැසියන්ට කලට වෙලාවට බත්වැටුප් ලබාදුන්නා. කුමාරයා සෑම දෙයක් ම කළේ බෝසතුන් දෙන උපදෙස් අනුවයි. ඒ අනුව රජුගෙන් අවසර ගෙන ඇතුළුනුවර වසන දාස කම්කරු පුරුෂයන්ට, අශ්වයන්ට, හමුදාවන්ට බත්වැටුප් කලට වේලාවට ලබාදුන්නා. ඒ වගේ ම ඈත ජනපදවලින් පැමිණෙන දූතයන්ට නවාතැන් දීමත් වෙළඳුන්ගෙන් බදු

අයකරගැනීමත් ආදී සියලු කටයුතු ක්‍රමයෙන් තමාගේ මැදිහත් වීමෙන් ම සිදුකරන්ට අවස්ථාව සලසා ගත්තා.

අප මහබෝසත් පණ්ඩිතයන් විසින් අවස්ථානුකූලව ලබාදුන් උපදෙස් පිළිපදිමින් ඇතුළුනුවර, පිටනුවර, රටවැසි සියලු ජනයාටත් ආගන්තුක ජනයාටත් ආදායමේ පටන් ඒ ඒ දෙයින් සංග්‍රහ කිරීම හේතුවෙන් සංවර කුමරු පිළිබඳ ඔවුන් තුළ මහත් ප්‍රසාදයක් හටගත්තා. හැමෝටම ප්‍රියමනාප අයෙක් වුණා. පසු කලෙක රජතුමා මරණාසන්න අවස්ථාවට පත්වුණා.

"දේවයන් වහන්ස, නුඹවහන්සේගේ ඇවෑමෙන් අපි රජකම පැවරිය යුත්තේ කාටද?"

"දරුවෙනි, මාගේ සියයක් පුත්‍රයන් සියලු දෙනා ම රාජඡත්‍රයට ස්වාමිවරු ය. නමුත් තොපගේ සිත් ගන්නේ යම් කුමාරයෙක් පිළිබඳව නම් ඔහුට ම රජකම පවරව්" කියා රජතුමා අනුශාසනා කළා. රජතුමාගේ අභාවයෙන් පසු අවසන් කටයුතු නිම කළ ඇමතිවරු සත්වෙනි දින රැස්වුණා.

'යමෙක් තොපගේ සිත් ගනී නම් ඔහුට රජකම පවරව්' කියා නොවැ මහරජතුමා අපට අවවාද කළේ. ඉතින් අපට නම් මේ සංවර කුමාරයා තමයි ඉතාම හොඳ. සංවර කුමාරයාගේ සියලු කටයුතු අපගේ සිත් ගන්නවා" කියා රන්මාලා පළඳවා සුදු සේසත් නංවා රජකමට පත්කළා. සංවර රජතුමා බෝසත් පණ්ඩිතයන්ගේ අවවාද මත පිහිටා ඉතා දැහැමි ලෙස රට පාලනය කළා.

අනිත් කුමාරවරු අනූනව දෙනා කරුණු කාරණා දැනගන්නා විට පියරජුගේ ඇවෑමෙන් ඇමතිවරු සංවර

කුමරුව රජකමට පත්කොට අවසානයි. "අප අතරින් සියල්ලන්ට බාල කුමාරයාට රජකම ලැබෙන්ට බෑ. හරි... ඒවා කොහෙද... අපි ගොහින් සියල්ලන්ට වැඩිමහල් උපෝසථ කුමාරයාට රාජ්‍ය බලය ලබාදෙනවා" කියා ඔවුන් සියලු දෙනා එකට එකතු වුණා.

"අපට රාජ්‍යභාරය දෙනු. නැත්නම් යුද්ධ කරනු" කියා සංවර මහරජුට හසුනක් යවා බරණැස් නුවර වටකළා. මහරජු බෝසත් පණ්ඩිතයන්ගෙන් මෙය ඇසුවා.

"පියාණෙනි, මාගේ සියලු සොයුරන් ඇවිත් නුවර වට කළා. අපි දැන් කුමක්ද කරන්නේ?"

"මහරජුනි, තොපට සහෝදර කුමාරවරුන් සමග කරන්ට යුද්ධයක් නෑ. පියරජු සන්තක ධනය කොටස් සියයකට බෙදා අනූනවයක් සොයුරන්ට හසුන් යවන්ට. 'පියරජු සන්තකව තිබුණු තොපගේ කොටස් ගනිව්. මං තොප සමග යුද්ධ කරන්නේ නැත' කියා."

ඔවුන් අතර සිටි හැමට වැඩිමල් උපෝසථ කුමරා අනිත් කුමාරවරුන් අමතා මෙය පැවසුවා. "දරුවෙනි, රජවරුන් යටත් කරන්ට සමතෙක් නෑ. අපගේ මේ කනිෂ්ඨ සංවර සොයුරා සතුරෙක් වශයෙන් නොවෙයි ඉන්නේ. 'තොප සමග මං යුද්ධ කරන්නේ නැත. පියරජු සන්තක තොපගේ කොටස් ගනිව්' කියා හසුනක් එවා තියෙනවා නොවැ. ඇරත් අපි හැමෝටම එක සැණින් එක සේසතක් ඔසවනවා යන කරුණ සිදුකරන්ටත් බෑ. එක්කෙනෙකුට පමණක් බරණැස් රාජ්‍යය දෙමු. මොහු ම රජතුමා වේවා! එන්ට... අපි යමු. ගොහින් සංවර රජු

දැක රජපවුලක් හැටියට ඔහුව පිළිගෙන අපි අපගේ ජනපදවලට යමු.”

සියලු කුමාරවරු ඒ අදහසට එකඟ වුණා. නගරයේ දොරටු හරවා සතුරු බව දුරලා නගරයට පිවිසියා. සංවර රජතුමාත් ඇමතියන් ලවා සත්කාර කරවා පෙරගමන් පිටත් කෙරෙව්වා. මහත් සත්කාර මැද අනූනවයක් කුමාරවරු රජමාලිගයට ගොඩවැදී සංවර මහරජුට ගරුසරු දක්වා පහතින් පනවන ලද අසුන්හි වාඩිවුණා.

සංවර මහරජු ඔසොවන ලද සුදු සේසත යට සිහසුනේ වැඩසිටියා. මහත් හරසරින් බැබළුණා. සංවර මහරජුගේ රාජසම්පත් දුටු උපෝසථ කුමරා මෙය සිතුවා. ‘අපගේ පියමහරජු මේ සංවර කුමාරයා රජවෙන බව කලින් ම දැනගන්ට ඇති. එනිසා තමයි අපට මෙන් මොහුට ජනපදයක් නොදී සිටියේ’ යි සිතා අනිත් කුමාරවරුන් හා කතා කරමින් මේ ගාථා තුන පැවසුවා.

1. මහරජුනේ අප පිය මහනිරිඳා
   අනෙකුත් පුත් කුමරුන් හට ජනපද
   මැනවින් පවරා සිටිය නමුත්
   තොපට කුඩා වූ ජනපදයක්වත්
   නුදුන්නෙ තොප රජවන බව දැන
   උන්නා කියලයි අපට සිතෙන්නේ

2. අපගේ පියරජු වැඩසිටි කාලේ
   එතුමා දිවංගත වූ කාලෙත්
   නුවර නිගම ජනපදවැසි සැම දෙන
   තම දියුණුව සලකා බලමින්
   තොපට ම රජකම දුන්නා කියලයි
   මේ ගැන අපට සිතෙන්නේ

3. සංවර රජුනේ තොප - කවර නම් යහපැවැත්මෙන් දෝ
අනූනවයක් සොයුරු කුමරුන් - මැඩ දියුණුවට ආවේ
කවර නම් යහපැවැත්මෙන් දෝ - මේ සියලු නෑ පිරිස
තොප නොමැඩගෙන යන්නේ

එය ඇසූ සංවර රජු පිළිතුරු දීම් වශයෙන් මේ ගාථා සය පැවසුවා.

4. රාජපුත්‍රවරුනේ මං කිසිදා
අනෙකෙකු හට මේ සම්පත් නොලැබී
මට පමණක් අයිති වේවා කියා
ඉරිසියාව ඇතිකරගත්තේ නෑ
යහගුණ දහමින් වැඩසිටිනා
දැහැමි මහණ බමුණන්ගේ
පා වඳිමින් මම නිරතුරු
කළයුතු උවටැන් කරමි ඔවුන් හට

5. දැහැමි ගුණෙන් යුතු මා - ඔවුන්ගේ වදන් අසන බව දැන
ගුණදමෙහි ඇළුණු ඒ ශ්‍රමණවරු
මෙසේ මෙසේ කරව යි කියා
නිසි කල මට ඔවදන් ලැබ දී
යහපතෙහි මා යෙදවූවා

6. මහ ඉසිවර ඒ ශ්‍රමණවරුන්ගේ
වදන් අසා එය ඉක්ම නොගොස්
ඒ අනුව ම කටයුතු කෙරුවා
මසිතේ තිබුණේ - ඒ ඔවදන් පමණයි

7. ඇත් අස් රිය පාබල හමුදාවන්ටත්
දිය යුතු යම් බත් වැටුප් තිබුණි නම්
කලට වෙලාවට නොපිරිහෙලා
ඒ හැම හොඳින් ලබාදුන්නා

8. මහඇමතිවරුත් මා හට සිටිනා
පිරිවර හැම මන්ත්‍රීවරුනුත්
නුවණැති මාගේ ගුරුවරුනුත්
නුවණින් සලකා කටයුතු සලසා
මා හට සේසත් නංවා - රාජ පදවියෙහි පිහිටෙව්වා
මා බරණැස රජ වූ දිනයේ පටන්
නිසි කලට ම වැසිත් වසිනවා
බත බුලතින් හැම සරු වී
මෙහි මහජනයා තුටින් වසනවා

9. ඇතුන් අසුන් මුතු මැණික් රැගෙනවිත්
විදෙස් රටවලින් ආ වෙළඳුන්
කිසි කරදරයක් නොමැතිව මෙහි
හොඳින් වෙළඳාම් ද කරනවා
එනිසයි මා හට - මේ සුදු සේසත ලැබුණේ
උපෝසථ රාජපුත්‍රය - මෙය මෙලෙසින් ම දත මැන

සංවර රජුගේ ගුණ ඇසූ උපෝසථ කුමරු මේ ගාථාවන් දෙක පැවසුවා.

10. සංවර රජුනි තොප - අනූනවයක් වැඩිමල් සොයුරන්ගේ
ආනුභාව මැඩගනිමින් - රට කරන්නේ ධර්මයෙන්මයි
නුවණැත්තෙකි තොප - නුවණින් විමසා වැඩ කරයි
සැබැවින් ම තොප - නෑයන්ට හිත කැමති ය

11. අනූනවයක් වූ අප සොයුරු කැල පිරිවරාගත්
නා නා රත්නයන්ගෙන් පිරීගිය බරණැස් පුරත්
තව්තිසාවේ සක්දෙවිඳු
අසුරයන්ට පැරදිය නොහැකි සේ
තොපත් මේ බරණැසේ
සතුරන්ගෙ උවදුරු නැතිව සිටියි

එතකොට සංවර රජු බෝසත් පණ්ඩිතයන්ගේ අවවාද අනුශාසනා මත තම සොයුරු කුමාරවරුන්ට බොහෝ යස ඉසුරු දුන්නා. ඔවුනුත් බරණැස මාසයක් අඩමසක් පමණ කල්ගෙව්වා. "සංවර මහරජුනේ, බරණැස ජනපදයට සොර සතුරු උවදුරක් ඇතිවුනෝතින් එය අපි බලා ගන්නම්. තොප හොඳින් රාජ්‍ය කරව" කියා තම තමන්ගේ ජනපදවලට ගියා. සංවර රජු බෝසත් පණ්ඩිතයන්ගේ ඔවදන්හි පිහිටා බොහෝ පින් කොට මරණින් මතු දෙව්ලොව උපන්නා.

භාග්‍යවතුන් වහන්සේ මේ ජාතකය වදාරා "භික්ෂුව, පෙර ඔබ මෙබඳු වීර්යයකින් සිටි අයෙක්. දැන් වීර්යය නොකරන්නේ මන්ද?" කියා චතුරාර්ය සත්‍යය ප්‍රකාශ කොට වදාළා. ඒ දේශනාව අවසානයේ ඒ භික්ෂුව සිතට වීර්යය ගෙන යෝනිසෝ මනසිකාරයේ යෙදී සෝවාන් ඵලයට පත්වුණා.

"මහණෙනි, එදා සංවර රජු ව සිටියේ මේ භික්ෂුව යි. උපෝසථ කුමරු ව සිටියේ අපගේ සාරිපුත්තයෝ. අනූනවයක් සොයුරන් ව සිටියේ මහාශ්‍රාවක තෙරවරු සහිත මහාතෙරවරු ය. පිරිස ව සිටියේ බුදුපිරිස ය. යහපත් අවවාද කළ පණ්ඩිත ඇමතියා ව සිටියේ මම" ය කියා භාග්‍යවතුන් වහන්සේ මේ ජාතකය නිමවා වදාළා.

09. සුප්පාරක ජාතකය

සුප්පාරක බෝධිසත්වයන්ගේ කතාව

පින්වතුනේ, පින්වත් දරුවනේ,

අපගේ භාග්‍යවතුන් වහන්සේගේ ජීවිතය පමණක් නොවෙයි, උන්වහන්සේ පාරමීදම් පිරූ අවදියේ ගත කළ බෝසත් දිවිය පවා මහා අසිරියකින් යුක්තයි. මෙය එබඳු කථාවක්.

ඒ දිනවල අපගේ භාග්‍යවතුන් වහන්සේ වැඩවාසය කොට වදාළේ සැවැත් නුවර ජේතවනයේ. දිනක් සවස් යාමයෙහි භාග්‍යවතුන් වහන්සේ ධර්මාසනයට වඩිනතුරු භික්ෂූන් වහන්සේලා දම්සභා මණ්ඩපයෙහි රැස් ව භාග්‍යවතුන් වහන්සේගේ මහා ප්‍රඥාව පිළිබඳව මෙබඳු කථාවක් කරමින් සිටියා.

"අනේ ඇවැත්නි, බලන්ට... අප භාග්‍යවතුන් වහන්සේගේ මහා ප්‍රඥාව නම් පුදුමසහගතයි. උන්වහන්සේගේ ප්‍රඥාව ධර්මප්‍රීතියෙන් යුක්තයි. වේගවත් වැටහීමෙන් යුක්තයි. අතිශයින් ම තියුණුයි. සුවිසල්ව පැතිරුණු මහා ප්‍රඥාවක්. අහෝ... ඒ අසිරිමත් ප්‍රඥාව මහ පොළොව වගෙයි. මහා සමුදුර සේ ගැඹුරුයි. අහස සේ විපුලයි. සකල ජම්බුද්වීපයේ කෙතරම් නුවණැත්තෙකුට

වුවත් තථාගත දසබලයෙන් සමන්විත භාග්‍යවතුන් වහන්සේගේ ප්‍රඥාව අභිභවා යන්ට බෑ" ආදී වශයෙන් භාග්‍යවතුන් වහන්සේගේ ප්‍රඥාවට ම ප්‍රශංසා කරමින් සිටියා.

එතැනට වැඩමවූ භාග්‍යවතුන් වහන්සේ ඒ භික්ෂූන් කතා කරමින් සිටියේ කුමක් ගැන ද කියා අසා වදාළා. භික්ෂූන් වහන්සේලාත් තමන් කතා කරමින් සිටි කරුණ භාග්‍යවතුන් වහන්සේට සැල කළා. භාග්‍යවතුන් වහන්සේ මෙය වදාළා.

"මහණෙනි, තථාගතයන් ප්‍රඥාවෙන් යුක්ත ව වාසය කළේ මේ දැන් පමණක් නොවෙයි. නුවණ මුහුකුරා නොගිය එක්තරා බෝසත් උපතකදී මනුලොව ඉපිද ඇස් නොපෙනී අන්ධයෙකු ව සිටත්, මහා සාගරයේ ජලය පිළිබඳ සංඥාත්, මේ සයුරෙහි මේ මේ රන් රුවන් තිබේ ය කියා ඉතාමත් නිවැරදිව දැනගන්ට සමත් වුණා" කියා මේ අතීත කතාව ගෙනහැර දක්වා වදාළා.

"මහණෙනි, ගොඩාක් ඈත අතීතයේ භාරු රටේ භාරු රජතුමා නම් රජෙක් රාජ්‍ය විචාරමින් සිටියා. ඔය කාලයේ ඒ භාරු රටෙහි භාරුකච්ඡ නමින් වරාය ගම්මානයක් තිබුණා. අප මහා බෝධිසත්වයෝ ඒ භාරුකච්ඡ පටුන් ගමෙහි ජ්‍යෙෂ්ඨ නාවිකයාගේ පුත්‍රයා වශයෙන් උපන්නා. ඒ කුමාරයා රන් පැහැයෙන් යුතු, ඉතා ප්‍රිය මනාප පෙනුමකින් යුක්ත වුණා. දෙමව්පියෝ ඔහුට 'සුප්පාරක කුමාරයා' යන නම තැබුවා. සුප්පාරක කුමරු මහත් පිරිවර සැප සම්පත් ඇතිව වැඩෙමින් වයස දහසය වන විට නැව් පැදවීම් ශිල්පයෙහි කෙළ පැමිණියෙක් වුණා.

පසු කාලයක සුප්පාරක කුමරුගේ පියා අභාවයට පත්වුණා. පියාගේ අභාවයෙන් පසු ඔහුට ජ්‍යෙෂ්ඨ නියාමක තනතුර ලැබුණා. සුප්පාරක නියමුවා ඉතාමත් නුවණැතියි. පණ්ඩිතයි. ඔහු යම් නැවකට ගොඩවී පැදවුවහොත් කිසිදා ඒ නැව විපතකට පත්වූයේ නෑ. නැව් පදවන අවස්ථාවේ තමන්ගේ දෑසට නිතර නිතර ලුණු මිශ්‍ර ජලයෙන් පහර වැදීම නිසා කලක් ගතවන විට සුප්පාරකගේ නෙත් දෙක ම නොපෙනී ගියා. එතකොට සුප්පාරක පණ්ඩිතයෝ ජ්‍යෙෂ්ඨ නියාමක තනතුරේ සිට නියාමක කටයුතු නොකොට, රජතුමා ඇසුරේ ජීවිතය ගත කරන්ට ඕනෑ ය යන අදහසින් රාජෝපස්ථානයට ගියා. භාරු රජතුමා ඔහුව භාණ්ඩයන්ගේ වටිනාකම විමසා මිල නියම කිරීමේ තනතුරට පත්කළා. එතැන් පටන් රජතුමා වෙත ගෙන එනු ලබන ඇතුන්, අශ්වයන්, රන්, රිදී, මුතු, මැණික් ආදී භාණ්ඩයන්ගේ වටිනාකම තක්සේරු කොට කීම කෙරුණේ සුප්පාරක පණ්ඩිතයන් අතින්.

දවසක් රජ්ජුරුවන්ගේ මංගල හස්තියා වෙන්ට සුදුසු ය කියා කාලවර්ණ ගල්කුළක් බඳු එක්තරා හස්තියෙකු රැගෙන ආවා. "හෝ... බොහෝම අගෙයි. එහෙනම් ඔය ඇත්රජාව සුප්පාරක පණ්ඩිතයන්ට පෙන්වන්ට" කියා රජතුමා කීවා. රාජ සේවකයෝ සුප්පාරක පණ්ඩිතයන් ළඟට ඇතා ගෙන ගියා. සුප්පාරක පණ්ඩිතයෝ ඇතා ළඟට ඇවිත් ඇතාගේ සිරුර පිරිමැද්දා. මොහොතකින් මෙය කීවා.

"ම්... මේ හස්තියා රජ්ජුරුවන්ගේ මංගල හස්තියා වෙන්ට සුදුසු මදි. වම් පාද ටිකාක් මිටියි. මෙයැයිට මේක වෙලා තියෙන්නේ මෙයැයි බිහිවෙන අවස්ථාවේ

මව් ඇතින්නට ඇකයෙන් පිළිගන්ට බැරි වී තියෙනවා. එතකොට මෙයැයිව බිමට වැටිලා. වම් පැත්තෙන් පාදයන් මිටියට හිටියේ ඒ නිසා."

එතකොට රාජ සේවකයෝ ඇතා අරගෙන ගොහින් ඇතා ගෙනා අයගෙන් කරුණු විමසුවා. ඇතා බිහිවෙන අවස්ථාවේ එහෙම දෙයක් සිදුවුණා ය කියා පණ්ඩිතයන් කීවේ ඇත්තක් බව ඔවුන් පිළිගත්තා. සතුටට පත්වූ රජතුමා සුප්පාරක පණ්ඩිතයන්ට කහවණු අටක් දෙන්ට සැලැස්සුවා.

තවත් දිනක රජ්ජුරුවන්ගේ මංගල අශ්වයා වෙන්ට මේ අශ්වයාට හැකිය කියා එක්තරා අස්පයෙකු රැගෙන ආවා. රජතුමා ඒ අශ්වයාව සුප්පාරක පණ්ඩිතයන් වෙත පිටත් කළා. පණ්ඩිතයෝ අශ්වයා අතින් පිරිමැද මොහොතක් සිට මෙය කීවා.

"ඕහ්... මේ අශ්වයාත් රජ්ජුරුවන්ගේ මංගල අශ්වයා වෙන්ට සුදුසු මදි නොවැ. මෙයැයි උපන් දවසේ ම මව් අශ්වදෙන මැරිලා තියෙනවා. ඒ නිසා නිසි කලට මව්කිරි ලැබිලා නෑ. මව්කිරි නොලැබීම නිසා මෙයැයිගේ වර්ධනය නිසි පරිදි සිදුවී නෑ."

එතකොට රාජසේවකයෝ අශ්වයා රැගෙන ගොස් ඔහු ගෙනා මිනිසුන්ට ඒ වග සැලකළා. පණ්ඩිතයන්ගේ කතාව හරි බවත් අශ්වයා උපන් දවසේ මව් අශ්වදෙන මියගිය බවත් ඔවුන් පිළිගත්තා. මෙයින් සතුටට පත් රජතුමා එදාත් පණ්ඩිතයන්ට කහවණු අටක් දෙන්ට සැලැස්සුවා.

තවත් දිනක රජ්ජුරුවන්ගේ මංගල රථයට මෙය සුදුසු ය කියා අලංකාර රථයක් ගෙන ආවා. රජතුමා එයත් සුප්පාරක පණ්ඩිතයන් වෙත පිටත් කළා. පණ්ඩිතයෝ ඒ රථය අතින් පිරිමැද මොහොතක් සිට මෙය කීවා.

"ඕහ්... මේ රථය හදා තියෙන්නේ සිදුරු තිබුණු රුකකින් නොවැ. ඒ නිසා රජ්ජුරුවන්ගේ මංගල රථයට නම් සුදුසු මදි."

එතකොටත් සතුටට පත් රජතුමා පණ්ඩිතයන්ට කහවණු අටක් ලැබෙන්ට සැලැස්සුවා.

තවත් දවසක් ඉතා වටිනා කම්බිලියක් රජතුමා වෙත ගෙන ආවා. රජතුමා එයත් පණ්ඩිතයන් ළඟට පිටත් කෙරෙව්වා. පණ්ඩිතයෝ කම්බිලිය පිරිමැද මෙය කීවා. "මේ කම්බිලියේ වටිනාකමට පලුද්දක් තියෙනවා. මීයන් කාපු තැනක් මෙහි තියෙන්ට ම ඕනෑ."

එය හොඳින් දිගහැර බලද්දී රාජ සේවකයෝ මීයන් කෑ තැන දැක්කා. එය දැන සතුටු වූ රජතුමා කහවණු අටක් පණ්ඩිතයන්ට ලැබෙන්ට සැලැස්සුවා.

එතකොට සුප්පාරක පණ්ඩිතයෝ මෙහෙම කල්පනා කළා. 'මා විසින් කළ මෙතරම් අසිරිමත් දේ දැක දැකත් මේ රජතුමා මට දෙන්නේ කහවණු අටයි. මෙවැනි රජෙකුට උපස්ථාන කිරීමෙහි ඇති තේරුම කුමක්ද? මීට හොඳයි මා කලින් විසූ තැනට ම යන එක' කියා නැවතත් භාරුකච්ඡ පටුන්ගමට ම ඇවිත් පදිංචි වුණා.

සුප්පාරක පණ්ඩිතයන් එහි වසනවිට එක්තරා නැවක් සකසාගත් වෙළෙන්දෝ කාගේ මෙහෙයවීමෙන්

නැව රැගෙන යා යුතු දැයි සාකච්ඡා කළා. "හැබැයි අපගේ සුප්පාරක පණ්ඩිතයන්ව නැවට නංවාගන්ට හැකි වුණොත් අපට විපතක් නොවන බව නම් විශ්වාසයි. එතුමා නුවණැතියි. උපාය කෞශල්‍යයෙන් යුක්තයි. දෑස නොපෙනෙන අයෙක් වුණත් සුප්පාරක පණ්ඩිතයෝ අපට උතුම්."

මෙසේ කතා වූ වෙළෙන්දන් සුප්පාරක පණ්ඩිතයන් මුණගැසෙන්ට ගියා. නැවේ ප්‍රධාන නියාමක වෙන්ට කියා ඉල්ලා සිටියා. "අනේ දරුවෙනි, කොහොමෙයි ඒක කරන්නේ? මං දැන් අන්ධයෙක් නොවැ."

"අනේ ස්වාමී, එහෙම කියන්ට එපා. තමුන්නාන්සේ අන්ධ වුණත් අපට උතුම්. අනේ අපගේ නැවට එන්ට. අපගේ ඉල්ලීම අහක දමන්ට එපා. තමුන්නාන්සේ කියන එක සංඥාවෙන් අපේ ගමන හරියන බව අපට විශ්වාසයි" කියා ඔවුන් නැවත නැවතත් ඇවිටිලි කළා.

"එහෙම නම් දරුවෙනි, මං එන්නේ නැවත නැවතත් ඉල්ලා සිටින නිසයි" කියා පණ්ඩිතයෝත් ගමනට කැමති වුණා.

ඔවුන් රැගත් නැව සත් දිනක් පුරා මහසයුරේ නිරුපද්‍රිතව යාත්‍රා කළා. නමුත් අටවෙනි දවසේ අකාලයේ වායු කැලඹීමක් හටගත්තා. නැව එයට හසුවුණා. සාර මාසයක් පුරා ප්‍රකෘති දිය මත හැසිරුණු නැව ඛුරමාලි සමුද්‍රය නමැති පෙදෙසකට පැමිණියා. එහි සිටිනා මත්ස්‍යයන්ට මිනිසුන්ගේ බඳු මුහුණු හැඩය තියෙනවා. මිනිසුන්ගේ නාසය බඳුව ඔවුන්ට උල් හොටවල් තියෙනවා. සයුරු දියෙහි ඒ මාළුන් උඩට එනවා. යටට කිමිදෙනවා.

මෙය දුටු වෙළෙන්දෝ ඒ මුහුදේ නම කුමක්ද කියා පණ්ඩිතයන්ගෙන් අසමින් මේ ගාථාව කිව්වා.

1. ඉතා උල් නාසයෙන් යුතු - මිනිස් මුහුණේ හැඩගත්
මේ මාළු සමුදුරු දියෙහි - උඩ මතුවී යට ගිලෙත්
සුප්පාරක පණ්ඩිතයෙනි - මේ කවර නම් සයුරක් ද?

එය අසා සුප්පාරක පණ්ඩිතයෝත් තමන්ගේ නියාමක සූත්‍රයන් හා සසඳා මේ පිළිතුරු ගාථාව පැවසුවා.

2. භාරුකච්ඡ පටුනෙන් අවුත් - ධන සොයා මහසයුරට වන්
වෙළෙන්දන් වූ දරුවෙනි - තොපගේ මේ නැව
ප්‍රකෘති මුහුදු දිය ඉක්ම - අප ගමන් නොයන
වෙනත් පෙදෙසකට ඇවිත් ඇත
මෙය ඛුරමාලී මුහුද නම් වේ

'මේ ඛුරමාලී මුහුදෙහි බොහෝ දියමන්ති උපදිනවා. ඉදින් මං කීවොත් මෙහි දියමන්ති උපදිනවා කියා මේ අය දැඩි ලෝභයෙන් දියමන්තිවලින් නැව පුරවා ගිලෙන්ට සලස්වනවා. ඒ නිසා ඒ වග කියන්ට හොඳ නෑ' යි සිතා සුප්පාරක පණ්ඩිතයෝ නැව නැංගුරම් ලන්ට සැලැස්සුවා. මත්ස්‍ය ගහණ ඇති පෙදෙසට යොතක් ගෙන බස්සවා ප්‍රමාණවත් දියමන්ති දියෙන් උඩට ගෙන නැවට දමාගත්තා. වටිනාකමින් අඩු බඩු මුහුදට දැම්මා. නැවතත් නැව පිටත් වුණා.

ඊට පස්සේ නෞකාව වෙනත් මුහුදු පෙදෙසකට ඇතුළු වුණා. ඒ මුහුදු දිය ඇවිලී ගිය ගින්නක් වගෙයි. දහවල් සූර්යයා බඳුව දිලිසුණා. වෙළෙන්දන් පණ්ඩිතයන්ගෙන් ඒ ගැන විමසා මේ ගාථාවන් කිව්වා.

3. ඇවිල යන ගිනිකඳන් සේ - මහ දවල් හිරු නැගි සේ
මහසයුර බබළනවා - සුප්පාරක පණ්ඩිතයෙනි
මේ කවර නම් සයුරක් ද?

එය අසා සුප්පාරක පණ්ඩිතයෝ මේ පිළිතුරු ගාථාව පැවසුවා.

4. භාරුකච්ඡ පටුනෙන් අවුත් - ධන සොයා මහසයුරට වන්
වෙළෙන්දන් වූ දරුවෙනි - තොපගේ මේ නැව
ප්‍රකෘති මුහුදු දිය ඉක්ම - අප ගමන් නොයන
වෙනත් පෙදෙසකට ඇවිත් ඇත
මෙය අග්ගිමාලී මුහුද නම් වේ

මේ සයුරෙහි රන් බහුලව තියෙනවා. සුප්පාරක පණ්ඩිතයෝ එතැනින් ද රන් ගෙන නැවෙහි පටවා ගත්තා. ඒ බරට සරිලන බඩු බැහැර කළා. නැව පිටත් වුණා. ඊළඟට නැව පැමිණුනේ වෙනත් පෙනුමක් ඇති මුහුදු දියකට යි. ඒ මුහුදු ජලය කිරි පාටින් දිස්වුණා. වෙළෙන්දන් පණ්ඩිතයන්ගෙන් එයට හේතුව විමසුවා.

5. විසිරගිය කිරිදිය සේ - මිදීගිය කිරි සේ
මහසයුර දිස්වෙනවා - සුප්පාරක පණ්ඩිතයෙනි
මේ කවර නම් සයුරක් ද?

එය අසා සුප්පාරක පණ්ඩිතයෝ මේ පිළිතුරු ගාථාව පැවසුවා.

6. භාරුකච්ඡ පටුනෙන් අවුත් - ධන සොයා මහසයුරට වන්
වෙළෙන්දන් වූ දරුවෙනි - තොපගේ මේ නැව
ප්‍රකෘති මුහුදු දිය ඉක්ම - අප ගමන් නොයන
වෙනත් පෙදෙසකට ඇවිත් ඇත
මෙය දධිමාලී මුහුද නම් වේ

මේ සයුරෙහි රිදී බහුලව තියෙනවා. සුප්පාරක පණ්ඩිතයෝ කලින් වගේ ම එතැනිනුත් රිදී පටවාගෙන පිටත් වුණා. ඊළඟට නැව ගියේ වෙනත් පෙදෙසකටයි. එහිදී මුහුදු දිය පෙනුණේ මහා කුසතණ යායක් වගේ. බැලූ බැලූ අත තද කොළ පාටින් ජලකඳ පෙනුණා. වෙළෙන්දන් පණ්ඩිතයන්ගෙන් ඒ ගැන විමසුවා.

7. **මහ කුසතණ යායක් වගේ - තදනිල් කුඹුරු යායක් වගේ**
මහසයුර දිස්වෙනවා - සුප්පාරක පණ්ඩිතයෙනි
මේ කවර නම් සයුරක් ද?

එය අසා සුප්පාරක පණ්ඩිතයෝ මේ පිළිතුරු ගාථාව පැවසුවා.

8. **භාරුකච්ඡ පටුනෙන් අවුත් - ධන සොයා මහසයුරට වන්**
වෙළෙන්දන් වූ දරුවෙනි - තොපගේ මේ නැව
ප්‍රකෘති මුහුදු දිය ඉක්ම - අප ගමන් නොයන
වෙනත් පෙදෙසකට ඇවිත් ඇත
මෙය කුසමාලී මුහුද නම් වේ

ඒ මුහුදේ නිල් මැණික් බහුලව හටගන්නවා. සුප්පාරක පණ්ඩිතයෝ කලින් වගේ ම නැවට ප්‍රමාණවත් නිල් මැණික් පුරවා ගත්තා. ඒ කුසමාලී සයුර පසුකොට යළිත් නැව පිටත් වුණා. ඊළඟට නැව පැමිණුනේ බට වනයක්, උණ වනයක් බඳු පෙනුමෙන් යුතු සයුරු පෙදෙසකටයි. ඒ දුටු වෙළෙන්දෝ පණ්ඩිතයන්ගෙන් එය විමසුවා.

9. **බට වනයක් සේ - උණ වනයක් සේ දිස්වෙයි**
සයුර දැන් එලෙසින් පෙනෙයි - සුප්පාරක පණ්ඩිතයෙනි
මේ කවර නම් සයුරක් ද?

එය අසා සුප්පාරක පණ්ඩිතයෝ මේ පිළිතුරු ගාථාව පැවසුවා.

10. භාරුකච්ඡ පටුනෙන් අවුත් - ධන සොයා මහසයුරට වන්
වෙළෙන්දන් වූ දරුවෙනි - තොපගේ මේ නැව
ප්‍රකෘති මුහුදු දිය ඉක්ම - අප ගමන් නොයන
වෙනත් පෙදෙසකට ඇවිත් ඇත
මෙය නළමාලී මුහුද නම් වේ

මේ මුහුදේ වෛරෝඩි, වංසරාගාදී මැණික් බහුලව තියෙනවා. පබළු වර්ගත් තියෙනවා. පණ්ඩිතයෝ කලින් වගේ ම වෛරෝඩි, පබළු ආදියත් නැවට පටවා ගත්තා. නැව ක්‍රමයෙන් නළමාලී සයුරු පෙදෙස ඉක්මවා ගියා. වෙනත් සයුරු පෙදෙසකට පැමිණියා. මෙවර වෙළෙන්දන්ට දකින්ට ලැබුණේ වළභාමුඛී සයුර නම් බිහිසුණු මුහුද යි. එහි ජලය හැම පැත්තෙන් ම වේගයෙන් ඇදගෙන උඩට නැගී නැවතත් හැම පැත්තෙන් ම වේගයෙන් පහළට බිඳී යමින් ඉවුරු ඇති මහා හෙලකට වැටෙනවා සේ පෙනෙන්ට පටන් ගත්තා. මහා දියරැළි නැගී ප්‍රපාතයකට වැටෙනවා. එවිට මහා ශබ්දයක් නංවනවා. වේගයෙන් හඬ නගා දිය පහර දෙන්නේ හදවත පැලී යන විලසට යි. මහත් බියට පත් වෙළෙන්දන් පණ්ඩිතයන්ගෙන් ඒ ගැන අසා සිටියා.

11. මහා භයකි හටගන්නේ - ඉතා බිහිසුණු මුහුදකි
මෙයින් මහා නොමිනිස් - දරුණු හඬ නංවයි
වේගෙන් ඇදෙන රළ කඳ - ගැඹුරු හෙලකට වැටෙයි
ප්‍රපාතයක් සේ මුහුද දිස්වෙයි - සුප්පාරක පණ්ඩිතයෙනි
මේ කවර නම් සයුරක් ද?

එය අසා සුප්පාරක පණ්ඩිතයෝ මේ පිළිතුරු ගාථාව පැවසුවා.

12. භාරුකච්ඡ පටුනෙන් අවුත් - ධන සොයා මහසයුරට වන්
වෙළෙන්දන් වූ දරුවෙනි - තොපගේ මේ නැව
ප්‍රකෘති මුහුදු දිය ඉක්ම - අප ගමන් නොයන
වෙනත් පෙදෙසකට ඇවිත් ඇත
මෙය වළභාමුඛී මුහුද නම් වේ

පණ්ඩිතයෝ ගාථාව පවසා වෙළෙන්දන් ඇමතුවා. "දරුවෙනි, මේ වළභාමුඛී මුහුදට පැමිණි නැවක් නවත්වන්ට පුළුවන්කමක් නෑ. මේ පෙදෙසට නැවක් පැමිණියොත් ඒ නැව වැනසෙනවා ම යි."

ඒ නැවේ හත්සීයක් මිනිසුන් සිටියා. ඔවුන් හැමෝම මරණ බියෙන් තැතිගෙන මහා හඬින් හඬන්ට පටන් ගත්තා. සුප්පාරක මහා බෝධිසත්වයෝ කලබල නැති සිතින් මෙය සිතුවා. 'මා හැර මේ අය බේරාගන්ට වෙන කවුරුත් නෑ. මං සත්‍යක්‍රියා කරන්ට ඕනෑ. මේ අයට යහපත සලසන්ට ඕනෑ' යි සිතා අදිටන් කොට ඔවුන් අමතා මෙය කීවා.

"දරුවෙනි, වෙලාව ගන්ට එපා. ඉක්මනින් ම මාව සුවඳ පැනින් නාවන්ට. අලුත් වස්ත්‍රයක් හඳවන්ට. පැන් පිරුණු පාත්‍රයක් මගේ අතට දෙන්ට. දීලා මාව නැවේ සුක්කානම ළඟින් තබන්ට."

ඔවුනුත් ඉතා කඩිමුඩියේ පණ්ඩිතයන් කී පරිදි සියලු දේ කළා. පණ්ඩිතයෝ පැන් පුරවා ගත් පාත්‍රය දෝතට ගෙන සුක්කානම ඉදිරියෙහි සිට මේ ගාථාව කියමින් සත්‍යක්‍රියා කළා.

13. යම් කලක පටන් මං - මේ ජීවිතය ගැන දනිම් ද
එතෙක් මෙතෙක් කාලය තුළ
දැන දැන කිසි ප්‍රාණියෙක් - මා අතින් මියගිය වගක්
මම නම් නොදන්නෙමි
අනුන් සතු තණහුලක දෙයක්
මම පැහැර නොගත්තෙමි
අනුන්ගේ බිරිඳක් දෙස - ලෝභ සිතින් නොබැලුවෙමි
සිතා මතා බොරුවක් - කිසිවෙකුට හෝ නොකීවෙමි
තණ අගින් ගත් බිඳක් තරමේ - සුරාවක් නොබීවෙමි
මේ සත්‍ය වචනයේ ආනුභාවයෙන්
සුවසේ මේ නැව නවතීවා!

මෙසේ කියා පාත්‍රයෙන් පැන් ගෙන නැවේ සුක්කානමට ඉස්සා. සාර මාසයක් පුරා මුහුදු මාර්ග යෙන් පිටතට ඇදීගිය නැව එසැණින් නැවතුණා. යමින් සිටි ගමන් මග වෙනස් ව ඉර්ධියෙන් ලැබූ නැවක් සේ මහත් පුදුමයකට පත්කරවමින් එක දවසින් ම භාරුකච්ඡ නැව්තොටට පැමිණියා. නැව ගොඩබිමට පැමිණ අට ඉස්බක් ඉදිරියට වැදී සුප්පාරක මහනාවිකයාගේ නිවස ඉදිරියේ නැවතුණා.

එතකොට බෝධිසත්වයෝ ඒ සියලු වෙළෙන්දන්ට රන් රිදී මුතු මැණික් පබළු දියමන්ති ආදිය බෙදා වෙන්කොට දුන්නා. "දරුවෙනි, දැන් තොප ලද මේ මහා වස්තුව ප්‍රමාණවත්. ආයෙත් නම් මුහුදු ගමන් යන්ට එපා" කියා අවවාද දුන්නා. සුප්පාරක පණ්ඩිතයෝ දිවි ඇති තෙක් දානාදී පින්කම් කොට මරණින් මතු දෙව්ලොව උපන්නා.

මෙය වදාළ භාග්‍යවතුන් වහන්සේ "මහණෙනි, තථාගතයන් පෙර බෝසත් කාලෙත් මහප්‍රඥාවෙන් යුක්ත ව සිටියා" කියා වදාළා. "මහණෙනි, එදා නැවේ නැග ගියේ බුදුපිරිස යි. ඒ පිරිස බේරාගත් නියාමක ව සිටි සුප්පාරක පණ්ඩිත වූයේ මම" ය කියා භාග්‍යවතුන් වහන්සේ මේ ජාතකය නිමවා වදාළා.

පූජා කිරිබත්ගොඩ ඤාණානන්ද ස්වාමීන් වහන්සේ විසින් රචිත
සියලුම සදහම් ග්‍රන්ථ සහ
ධර්ම දේශනා ඇතුළත් සංයුක්ත තැටි ඇතුළුව
මහමෙව්නාවේ සියලු සදහම් ප්‍රකාශන

දැන් ඔබට අන්තර්ජාලය හරහා ඇණවුම් කොට
නිවසට ම ගෙන්වා ගත හැකියි.
පිවිසෙන්න අපගේ වෙබ් අඩවියට...

www.mahamegha.store

සම්පත් විශ්ව, මාස්ටර් කාඩ්, වීසා කාඩ් ඇතුළු ඕනෑම
කාඩ්පත් ක්‍රමයකින් මුදල් ගෙවීම් සිදුකළ හැකියි.

ඊට අමතරව **Cash on Delivery** සේවාව හරහා
ඇණවුම් කරන ලද සදහම් ප්‍රකාශන ඔබ වෙත ලැබුණු පසු
මුදල් ගෙවීම ද සිදුකළ හැකියි.

මහාමේඝ ප්‍රකාශකයෝ
වඩුවාව, යටිගල්ඔළුව, පොල්ගහවෙල.
දුර : 037 2053300, 076 8255703, 070 511 7 511
විද්‍යුත් තැපැල් : info@mahamegha.store

www.ingramcontent.com/pod-product-compliance
Lightning Source LLC
LaVergne TN
LVHW020424080526
838202LV00055B/5027
9786245524082